**BRIAN GAGG**

# WORTSUCHRÄTSEL 3 in 1 SAMMELBAND

# FUßBALL, HANDBALL und BASKETBALL

*Bibliografische Information der Deutschen Nationalbibliothek:*
*Die Deutsche Nationalbibliothek verzeichnet diese Publikation in der Deutschen Nationalbibliografie; detaillierte bibliografische Daten sind im Internet über http://dnb.dnb.de abrufbar.*


*Herstellung und Verlag: BoD – Books on Demand, Norderstedt*
*ISBN: 9783755700838*

## Inhaltsangabe Seite



---

## Einleitung

Auf den folgenden Seiten finden sich thematisch sortierte Wortsuchrätsel.
Um ein Wortsuchrätsel zu lösen, müssen alle jeweils aufgelisteten Worte in der darüber befindlichen Buchstabenmatrix gefunden werden. Ist ein Wort gefunden, sollte es mit einem Stift umkreist und das gefundene Wort aus der Liste gestrichen werden. Sind alle Worte aus der Liste gefunden, ist das Rätsel gelöst. Bei Schwierigkeiten ein Rätsel zu lösen, kann die Lösung jeweils auf der Rückseite nachgeschaut werden. Die zu findenden Worte sind jeweils als ganzes (d.h. immer nur in einer Richtung und ungebrochen) in der Matrix nach folgenden Regeln versteckt:

- Suchworte können sich überlagern, d.h. ein Buchstabenkästchen kann von mehreren Suchworten genutzt sein.

- Worte können vorwärts, rückwärts, horizontal, vertikal oder diagonal in der Matrix versteckt sein.

- Suchworte stehen für sich alleine und sind unter- oder nebeneinander aufgelistet.

| F | U | J | K | Z | P | X | H | N | X | O | Y | G | E | C | V | A | C | A |
|---|---|---|---|---|---|---|---|---|---|---|---|---|---|---|---|---|---|---|
| V | H | V | J | H | K | O | V | Y | Q | X | E | O | M | I | N | M | H | J |
| T | R | I | T | A | O | W | R | N | Q | T | T | R | H | S | E | L | C | A |
| S | N | I | N | L | B | T | X | J | Z | W | L | R | A | W | I | V | W | Z |
| A | B | L | I | V | S | M | P | B | E | B | Y | I | N | H | L | Z | W | V |
| E | Z | G | S | T | P | B | U | O | U | Y | E | Z | N | E | H | R | V | U |
| G | A | W | D | S | I | W | B | A | T | T | Y | M | A | C | U | K | Q | Q |
| N | I | C | N | T | E | Q | U | F | R | G | A | Y | L | Y | J | L | A | N |
| I | N | P | Q | I | L | S | M | F | J | T | L | G | L | Q | D | L | T | P |
| L | X | Q | H | E | P | E | F | V | U | R | F | R | A | F | E | N | T | S |
| T | S | H | X | S | L | P | W | B | O | A | N | A | B | W | B | X | H | K |
| X | Z | K | N | B | A | A | V | A | T | L | B | Q | R | L | W | F | Y | M |
| W | I | W | O | A | N | P | N | Y | V | T | M | B | C | K | H | I | S | E |
| Z | A | D | R | W | C | Y | H | E | M | Z | Y | E | R | N | Q | I | W | L |
| R | D | E | A | K | C | N | Q | V | N | N | F | F | N | U | E | H | S | J |
| O | N | D | N | J | S | Y | P | G | L | H | J | Q | O | G | C | O | V | I |
| H | L | I | U | P | L | W | B | J | P | E | E | C | C | D | H | H | U | O |
| B | X | O | M | L | E | I | P | S | D | N | E | D | O | H | V | H | R | Q |
| G | E | S | U | N | D | H | E | I | T | W | H | G | W | M | N | J | S | Y |
| A | G | E | I | T | S | F | U | A | E | K | U | X | B | C | G | C | W | P |
| N | N | H | C | O | R | G | R | O | K | Y | E | V | M | Z | K | G | Z | T |
| V | A | W | M | U | S | R | O | G | H | F | G | C | B | B | E | C | J | W |
| R | P | Q | G | A | L | O | T | V | B | V | V | K | Q | Y | C | U | J | Y |
| U | H | I | X | J | B | G | V | H | O | P | Z | K | F | U | K | W | K | F |

# 1

ABSEITS
ENDSPIEL
HOOLIGAN
KRAFTRAUM
ABBRUCH
AUFSTIEG
SPIELPLAN
BALLANNAHME
GESUNDHEIT
DEHNEN

# Lösung

F U J K Z P X H N X O Y G E C V A C A
V H V J H K O V Y Q X E O M I N M H J
T R I T A O W R N Q T T R H S E L C A
S N I N L B T X J Z W L R A W I V W Z
A B L I V S M P B E B Y I N H L Z W V
E Z G S T P B U O U Y E Z N E H R V U
G A W D S I W B A T T Y M A C U K Q Q
N I C N T E Q U F R G A Y L Y J L A N
I N P Q I L S M F J T L G L Q D L T P
L X Q H E P E F V U R F R A F E N T S
T S H X S L P W B O A N A B W B X H K
X Z K N B A A V A T L B Q R L W F Y M
W I W O A N P N Y V T M B C K H I S E
Z A D R W C Y H E M Z Y E R N Q I W L
R D E A K C N Q V N N F F N U E H S J
O N D N J S Y P G L H J Q O G C O V I
H L I U P L W B J P E E C C D H H U O
B X O M L E I P S D N E D O H V H R Q
G E S U N D H E I T W H G W M N J S Y
A G E I T S F U A E K U X B C G C W P
N N H C O R G R O K Y E V M Z K G Z T
V A W M U S R O G H F G C B B E C J W
R P Q G A L O T V B V V K Q Y C U J Y
U H I X J B G V H O P Z K F U K W K F

| H | T | T | U | K | L | S | X | A | W | D | Y | K | I | Y | M | K | A | X |
|---|---|---|---|---|---|---|---|---|---|---|---|---|---|---|---|---|---|---|
| G | O | B | T | U | D | Q | P | E | O | K | U | Q | D | V | X | M | G | T |
| X | P | F | E | H | L | E | R | R | O | W | S | J | U | E | U | P | J | O |
| N | K | V | W | I | Y | Y | F | U | C | Z | N | D | Z | R | M | R | S | I |
| E | C | Y | J | M | Z | V | Y | Y | Y | A | V | Y | R | L | F | B | D | N |
| H | F | G | T | Y | L | Y | T | E | D | V | J | Z | H | E | N | A | Y | S |
| P | U | G | R | P | N | U | T | X | G | C | F | U | K | T | Z | L | Z | C |
| L | S | S | D | T | A | C | F | D | W | Q | E | C | G | Z | I | A | Z | O |
| R | S | V | T | L | X | P | A | S | U | G | R | Q | Y | U | D | L | L | Y |
| K | B | Y | G | O | R | D | H | P | W | R | B | J | D | N | K | H | R | K |
| W | A | E | B | M | Q | B | C | M | V | P | C | C | Q | G | N | X | A | N |
| Y | L | M | X | V | H | Y | S | C | W | E | Z | V | X | S | A | I | U | S |
| I | L | D | R | Q | G | L | R | S | R | G | T | B | Y | I | H | K | M | C |
| J | T | P | E | N | X | D | E | P | M | I | V | Y | I | E | Y | G | A | L |
| O | G | T | R | Q | M | M | T | E | U | B | W | F | U | W | W | Y | B | H |
| A | K | E | E | L | L | Y | S | Q | P | R | C | U | H | R | Y | D | D | N |
| H | Q | C | I | E | M | N | I | U | N | A | T | O | T | E | I | R | E | E |
| E | G | X | L | M | H | W | E | K | U | A | C | C | U | V | O | N | C | T |
| Y | F | M | R | Q | U | I | M | O | U | D | J | K | W | Z | N | U | K | R |
| O | F | M | E | W | Q | F | D | V | K | Z | S | G | F | T | D | C | U | A |
| X | G | J | V | B | D | G | F | E | P | Z | A | X | L | A | Z | Z | N | K |
| S | P | J | V | S | P | I | E | L | S | I | E | G | D | L | S | D | G | E |
| V | G | E | L | B | E | O | Z | S | J | F | J | X | A | P | S | L | I | F |
| W | R | U | Z | E | A | N | V | V | H | B | K | G | E | M | H | D | Q | Z |

FEHLER
VERLIERER
KO SPIEL
SIEG
RAUMABDECKUNG

GELBE KARTE
VERLETZUNG
MEISTERSCHAFT
PLATZVERWEIS
FUSSBALL

# Lösung

H T T U K L S X A W D Y K I Y M K A X

G O B T U D Q P E O K U Q D V X M G T

X P F E H L E R R O W S J U E U P J O

N K V W I Y Y F U C Z N D Z R M R S I

E C Y J M Z V Y Y Y A V Y R L F B D N

H F G T Y L Y T E D V J Z H E N A Y S

P U G R P N U T X G C F U K T Z L Z C

L S S D T A C F D W Q E C G Z I A Z O

R S V T L X P A S U G R Q Y U D L L Y

K B Y G O R D H P W R B J D N K H R K

W A E B M Q B C M V P C C Q G N X A N

Y L M X V H Y S C W E Z V X S A I U S

I L D R Q G L R S R G T B Y I H K M C

J T P E N X D E P M I V Y I E Y G A L

O G T R Q M M T E U B W F U W W Y B H

A K E E L L Y S Q P R C U H R Y D D N

H Q C I E M N I U N A T O T E I R E E

E G X L M H W E K U A C C U V O N C T

Y F M R Q U I M O U D J K W Z N U K R

O F M E W Q F D V K Z S G F T D C U A

X G J V B D G F E P Z A X L A Z Z N K

S P J V S P I E L S I E G D L S D G E

V G E L B E O Z S J F J X A P S L I F

W R U Z E A N V V H B K G E M H D Q Z

| | | | | | | | | | | | | | | | | | | |
|---|---|---|---|---|---|---|---|---|---|---|---|---|---|---|---|---|---|---|
| L | W | G | J | E | H | S | K | T | G | N | W | J | I | P | F | P | X | U |
| C | I | G | Q | L | K | G | F | Y | C | G | H | C | M | A | Z | Y | G | T |
| Y | A | Q | D | F | A | L | F | G | B | T | Y | Y | L | F | L | P | V | K |
| E | S | W | W | W | Y | N | I | L | U | L | T | B | A | P | R | E | A | J |
| P | O | R | L | R | G | S | E | G | X | H | O | I | F | O | A | N | P | H |
| R | Q | P | D | I | N | P | T | C | C | D | R | W | Z | I | W | Z | C | X |
| T | I | T | E | M | U | I | O | W | K | P | K | M | K | I | B | E | T | B |
| T | X | O | X | X | R | E | P | Y | L | B | J | C | J | I | E | Y | Q | D |
| Z | R | Q | H | D | E | L | L | A | H | D | A | Z | E | G | Q | N | L | I |
| O | S | K | X | P | G | F | Y | G | S | W | E | L | Y | E | A | V | T | R |
| B | W | S | E | R | N | U | X | L | X | E | E | L | L | I | H | X | I | E |
| R | H | F | A | H | E | E | G | X | O | I | N | H | B | T | I | S | T | K |
| Z | Q | T | O | O | A | H | T | A | T | V | M | A | B | S | E | K | E | J |
| G | P | I | G | O | L | R | W | Y | O | R | F | I | W | F | U | V | L | A |
| C | I | X | X | L | R | E | V | Y | E | E | Z | O | E | U | X | U | G | V |
| C | Y | V | H | I | E | R | Q | L | T | T | V | Z | P | A | O | F | E | R |
| W | Z | K | J | G | V | I | E | V | A | N | I | A | E | V | T | N | W | X |
| U | V | I | O | A | V | I | T | C | P | I | Z | E | H | F | X | D | I | Z |
| M | T | V | S | N | P | C | L | Z | R | Q | P | J | X | P | C | M | N | F |
| P | A | N | A | S | A | N | N | I | G | E | B | L | E | I | P | S | N | I |
| S | T | F | P | U | S | J | P | D | K | E | Z | W | G | F | S | Z | A | O |
| Q | E | B | T | Y | A | D | A | G | F | F | Y | H | R | Q | U | M | U | Z |
| A | I | N | N | I | U | U | B | A | H | I | T | H | J | Q | L | T | M | U |
| E | K | Q | W | W | Y | Y | A | K | Y | N | T | R | N | W | J | L | C | Y |

TITELGEWINN
HOOLIGANS
FAIRPLAY
SPIELER
VERLAENGERUNG

SPIELBEGINN
ECKBALL
INTERVIEW
SPIELFUEHRER
AUFSTIEG

# Lösung

L W G J E H S K T G N W J I P F P X U

C I G Q L K G F Y C G H C M A Z Y G T

Y A Q D F A L F G B T Y Y L F L P V K

E S W W W Y N I L U L T B A P R E A J

P O R L R G S E G X H O I F O A N P H

R Q P D I N P T C C D R W Z I W Z C X

T I T E M U I O W K P K M K I B E T B

T X O X X R E P Y L B J C J I E Y Q D

Z R Q H D E L L A H D A Z E G Q N L I

O S K X P G F Y G S W E L Y E A V T R

B W S E R N U X L X E E L L I H X I E

R H F A H E E G X O I N H B T I S T K

Z Q T O O A H T A T V M A B S E K E J

G P I G O L R W Y O R F I W F U V L A

C I X X L R E V Y E E Z O E U X U G V

C Y V H I E R Q L T T V Z P A O F E R

W Z K J G V I E V A N I A E V T N W X

U V I O A V I T C P I Z E H F X D I Z

M T V S N P C L Z R Q P J X P C M N F

P A N A S A N N I G E B L E I P S N I

S T F P U S J P D K E Z W G F S Z A O

Q E B T Y A D A G F F Y H R Q U M U Z

A I N N I U U B A H I T H J Q L T M U

E K Q W W Y Y A K Y N T R N W J L C Y

| | | | | | | | | | | | | | | | | | | |
|---|---|---|---|---|---|---|---|---|---|---|---|---|---|---|---|---|---|---|
| F | U | G | W | Z | H | R | G | X | R | W | E | L | L | A | F | S | F | Q |
| N | D | M | G | I | L | Z | Z | M | O | E | Y | V | S | S | J | A | P | U |
| X | V | P | B | X | P | B | S | S | V | E | K | L | M | E | Y | G | F | Z |
| S | Z | I | M | S | A | F | T | W | Y | U | N | P | V | B | I | G | E | I |
| R | E | L | E | I | P | S | F | F | I | R | G | N | A | L | K | X | D | T |
| C | O | W | O | Y | U | C | B | U | E | S | H | Y | K | B | B | B | Z | U |
| X | J | J | C | U | V | X | O | Q | F | H | M | N | K | L | X | S | C | Q |
| A | I | S | U | Q | E | A | D | K | K | E | I | S | I | H | Z | T | S | B |
| W | N | V | F | B | E | L | A | S | T | U | N | G | F | Y | B | P | U | T |
| G | I | S | V | E | A | Y | S | V | Z | P | S | I | E | L | P | W | D | T |
| W | N | M | T | B | R | G | E | Z | T | E | U | H | C | S | R | O | T | I |
| V | V | D | R | O | R | M | E | B | D | J | A | K | F | Q | L | H | F | A |
| F | B | P | S | G | S | L | E | I | P | S | L | U | A | F | E | W | O | D |
| S | H | E | R | V | J | S | E | I | I | W | H | W | C | N | P | R | K | F |
| I | C | L | R | K | T | K | C | O | L | B | E | T | S | E | A | G | X | L |
| O | W | B | L | X | I | W | D | E | M | C | C | Z | R | A | R | Y | Q | J |
| V | D | C | U | X | C | J | S | G | F | A | B | O | W | O | N | A | R | T |
| F | G | S | Z | T | S | C | N | F | U | C | F | F | T | R | Q | E | R | Z |
| H | M | Y | E | H | I | E | R | D | L | E | F | L | E | T | T | I | M | K |
| U | F | Q | X | U | Z | Z | Z | G | O | G | O | A | Y | N | G | O | A | Z |
| V | C | F | C | L | M | Y | A | I | T | S | G | F | O | I | R | D | R | Q |
| M | P | B | K | T | R | I | N | V | F | U | H | K | B | H | E | L | S | Q |
| N | D | X | M | M | Z | G | E | M | U | T | L | O | F | R | F | T | L | Z |
| R | L | S | D | F | B | O | G | J | N | G | T | W | D | J | P | U | O | H |

ANGRIFFSPIELER
ANSTOSS
FAULSPIEL
MITTELFELDREIHE
FALLE

KONTER
BELASTUNG
GAESTEBLOCK
TORSCHUETZE
KADER

# Lösung

F U G W Z H R G X R W E L L A F S F Q

N D M G I L Z Z M O E Y V S S J A P U

X V P B X P B S S V E K L M E Y G F Z

S Z I M S A F T W Y U N P V B I G E I

R E L E I P S F F I R G N A L K X D T

C O W O Y U C B U E S H Y K B B B Z U

X J J C U V X O Q F H M N K L X S C Q

A I S U Q E A D K K E I S I H Z T S B

W N V F B E L A S T U N G F Y B P U T

G I S V E A Y S V Z P S I E L P W D T

W N M T B R G E Z T E U H C S R O T I

V V D R O R M E B D J A K F Q L H F A

F B P S G S L E I P S L U A F E W O D

S H E R V J S E I I W H W C N P R K F

I C L R K T K C O L B E T S E A G X L

O W B L X I W D E M C C Z R A R Y Q J

V D C U X C J S G F A B O W O N A R T

F G S Z T S C N F U C F F T R Q E R Z

H M Y E H I E R D L E F L E T T I M K

U F Q X U Z Z Z G O G O A Y N G O A Z

V C F C L M Y A I T S G F O I R D R Q

M P B K T R I N V F U H K B H E L S Q

N D X M M Z G E M U T L O F R F T L Z

R L S D F B O G J N G T W D J P U O H

| | | | | | | | | | | | | | | | | | | |
|---|---|---|---|---|---|---|---|---|---|---|---|---|---|---|---|---|---|---|
| R | J | E | N | M | R | M | N | G | Q | X | G | T | L | Y | O | X | A | B |
| E | V | W | S | B | U | B | A | L | L | V | E | R | L | U | S | T | Q | P |
| L | G | U | O | Q | Q | T | G | C | N | I | M | G | A | G | Q | P | A | L |
| H | S | Q | T | L | L | E | O | W | U | L | P | M | R | U | Y | V | M | E |
| E | B | I | K | Y | H | N | U | P | P | P | B | K | D | K | N | O | P | Y |
| F | G | X | B | T | X | Q | P | R | S | I | X | Z | Z | A | L | Y | R | I |
| R | M | E | B | Y | G | S | X | Z | X | P | Q | A | R | S | I | J | M | E |
| E | B | J | A | T | N | F | Y | X | H | E | I | U | S | E | B | K | I | F |
| G | D | V | D | D | F | C | P | G | X | A | W | E | Q | K | E | D | T | J |
| N | Q | U | Q | M | Z | A | R | M | Y | G | T | D | L | X | R | I | T | T |
| E | V | U | Z | A | C | C | H | S | O | L | K | T | N | Z | O | S | E | H |
| A | P | P | T | D | O | W | E | C | V | F | D | M | R | Y | Y | S | L | E |
| F | S | R | O | O | N | J | W | K | S | B | D | X | A | I | C | A | F | Z |
| N | L | E | N | Z | A | O | R | H | W | N | B | N | A | D | C | P | E | B |
| A | E | X | V | K | O | R | M | K | Q | R | N | K | N | G | T | K | L | O |
| J | F | B | P | R | V | J | S | T | E | D | Z | A | X | R | G | L | D | Y |
| Y | J | N | Z | X | Y | O | L | M | V | A | Q | F | M | Q | L | L | B | Z |
| F | B | J | C | U | W | W | F | R | Z | F | R | E | G | T | P | Z | Z | Y |
| Q | E | D | S | H | X | V | C | A | B | X | Y | E | U | I | S | F | M | J |
| V | F | C | B | O | W | E | Y | F | O | T | Z | R | W | Q | U | A | V | N |
| D | H | L | N | L | U | T | K | O | Z | T | W | W | W | Y | F | F | G | R |
| B | T | L | M | S | W | S | W | O | Q | Y | H | O | Y | I | W | M | P | I |
| Z | X | S | K | Q | S | P | I | E | L | Z | E | I | T | Z | C | L | L | N |
| B | S | C | W | L | T | V | C | I | O | Y | R | F | K | E | N | X | N | O |

5

BALLVERLUST
SPIELZEIT
LIBERO
HATTRICK
GASTMANNSCHAFT

MITTELFELD
ANFAENGERFEHLER
TOPSPIEL
PASS
DRALL

# Lösung

R J E N M R M N G Q X G T L Y O X A B
E V W S B U B A L L V E R L U S T Q P
L G U O Q Q T G C N I M G A G Q P A L
H S Q T L L E O W U L P M R U Y V M E
E B I K Y H N U P P P B K D K N O P Y
F G X B T X Q P R S I X Z Z A L Y R I
R M E B Y G S X Z X P Q A R S I J M E
E B J A T N F Y X H E I U S E B K I F
G D V D D F C P G X A W E Q K E D T J
N Q U Q M Z A R M Y G T D L X R I T T
E V U Z A C C H S O L K T N Z O S E H
A P P T D O W E C V F D M R Y Y S L E
F S R O O N J W K S B D X A I C A F Z
N L E N Z A O R H W N B N A D C P E B
A E X V K O R M K Q R N K N G T K L O
J F B P R V J S T E D Z A X R G L D Y
Y J N Z X Y O L M V A Q F M Q L L B Z
F B J C U W W F R Z F R E G T P Z Z Y
Q E D S H X V C A B X Y E U I S F M J
V F C B O W E Y F O T Z R W Q U A V N
D H L N L U T K O Z T W W W Y F F G R
B T L M S W S W O Q Y H O Y I W M P I
Z X S K Q S P I E L Z E I T Z C L L N
B S C W L T V C I O Y R F K E N X N O

| | | | | | | | | | | | | | | | | | | |
|---|---|---|---|---|---|---|---|---|---|---|---|---|---|---|---|---|---|---|
| V | Y | X | E | V | U | E | U | M | U | G | J | D | L | L | L | B | J | D |
| P | L | L | E | F | F | N | V | M | R | V | X | E | M | V | Y | U | R | D |
| B | X | U | K | S | Q | B | E | O | M | G | R | O | D | S | B | R | W | S |
| Q | B | F | G | T | C | F | I | N | D | P | N | U | N | E | C | O | O | E |
| R | R | O | Z | R | N | K | P | R | T | W | I | R | L | Y | Q | T | Y | S |
| U | C | W | I | A | A | M | S | O | R | S | R | H | D | B | Z | E | U | U |
| N | Y | W | Y | F | E | R | I | C | P | E | C | V | F | J | O | W | Q | G |
| G | J | O | T | R | D | P | W | S | G | R | P | H | Y | S | I | W | E | F |
| B | O | F | Y | A | N | E | D | L | O | G | P | R | I | A | G | L | W | U |
| S | R | O | S | U | H | D | R | L | H | Q | T | B | I | E | V | W | S | K |
| Q | J | L | D | M | L | A | O | G | K | Y | X | U | B | C | D | Y | F | D |
| W | T | F | F | J | N | N | J | U | N | P | D | W | L | J | S | E | K | W |
| A | N | G | R | I | F | F | V | B | U | A | K | B | S | O | F | R | N | J |
| B | V | C | C | L | L | C | K | Z | S | A | J | B | K | V | A | R | L | U |
| R | R | I | P | B | U | I | S | W | S | X | U | O | X | F | K | U | T | R |
| D | L | U | J | W | X | H | I | U | F | X | A | S | T | Z | T | Z | R | E |
| S | M | F | F | Y | J | V | A | U | Y | T | M | T | B | Y | D | E | J | R |
| E | E | S | U | A | P | L | E | I | P | S | R | D | X | U | Y | D | R | Y |
| Z | O | V | U | H | P | H | Q | W | S | A | V | R | E | L | H | H | R | I |
| G | E | N | O | P | R | J | J | W | I | N | O | B | B | P | X | E | N | Y |
| H | P | U | A | U | V | W | V | N | I | H | N | P | K | R | Z | O | N | H |
| X | N | U | N | U | U | N | I | D | J | B | Q | F | G | R | B | B | V | F |
| M | L | G | P | U | A | N | X | M | Y | O | C | Z | C | C | F | T | P | J |
| S | Q | W | P | F | G | I | C | E | G | Z | A | E | I | U | C | O | J | A |

AUSBUHEN
UNENTSCHIEDEN
FUEHRUNG
APPLAUS
ANGRIFF

STRAFRAUM
JUBEL
SPIELPAUSE
GOLDEN GOAL
KRAFTTRAINING

# Lösung

V Y X E V U E U M U G J D L L L B J D
P L L E F F N V M R V X E M V Y U R D
B X U K S Q B E O M G R O D S B R W S
Q B F G T C F I N D P N U N E C O O E
R R O Z R N K P R T W I R L Y Q T Y S
U C W I A A M S O R S R H D B Z E U U
N Y W Y F E R I C P E C V F J O W Q G
G J O T R D P W S G R P H Y S I W E F
B O F Y A N E D L O G P R I A G L W U
S R O S U H D R L H Q T B I E V W S K
Q J L D M L A O G K Y X U B C D Y F D
W T F F J N N J U N P D W L J S E K W
A N G R I F F V B U A K B S O F R N J
B V C C L L C K Z S A J B K V A R L U
R R I P B U I S W S X U O X F K U T R
D L U J W X H I U F X A S T Z T Z R E
S M F F Y J V A U Y T M T B Y D E J R
E E S U A P L E I P S R D X U Y D R Y
Z O V U H P H Q W S A V R E L H H R I
G E N O P R J J W I N O B B P X E N Y
H P U A U V W V N I H N P K R Z O N H
X N U N U U N I D J B Q F G R B B V F
M L G P U A N X M Y O C Z C C F T P J
S Q W P F G I C E G Z A E I U C O J A

| U | D | B | E | F | M | S | R | I | P | X | H | S | J | R | B | D | Z | C |
|---|---|---|---|---|---|---|---|---|---|---|---|---|---|---|---|---|---|---|
| Q | S | L | E | E | H | B | Z | J | Q | J | A | P | E | R | S | V | E | J |
| J | A | E | J | X | Y | F | E | R | T | C | F | K | S | F | C | E | Q | U |
| V | Q | I | U | Y | S | U | Y | S | Z | D | O | H | M | J | H | R | Z | J |
| H | D | P | X | V | S | T | R | K | Q | R | L | D | I | K | I | L | V | K |
| E | N | S | L | F | C | E | D | Q | D | Z | U | U | T | H | E | U | W | L |
| O | M | L | P | G | E | L | F | M | E | T | E | R | T | P | D | S | F | N |
| I | E | U | Q | H | A | K | J | I | A | A | F | W | E | V | S | T | P | R |
| V | I | A | T | Z | W | U | U | K | B | Y | V | M | L | X | R | F | R | M |
| T | W | F | R | F | W | S | N | O | F | S | D | D | F | G | I | D | L | O |
| A | P | L | F | J | B | M | O | A | D | Z | B | Y | E | F | C | D | L | J |
| P | V | B | C | O | N | V | I | H | K | Y | S | X | L | A | H | Y | P | W |
| B | X | Y | Z | K | H | T | T | K | D | S | K | Z | D | N | T | H | J | H |
| U | X | H | S | F | M | Q | A | K | E | I | D | V | S | E | E | H | C | J |
| H | G | X | B | T | M | W | V | W | Q | N | R | K | P | Q | R | P | U | X |
| W | A | C | J | D | C | U | I | A | V | C | Q | E | I | R | U | Y | B | T |
| R | N | Q | L | B | H | N | T | N | O | W | N | W | E | Q | K | R | X | V |
| G | B | P | O | H | G | U | O | Z | E | W | T | L | L | Q | J | J | S | P |
| W | E | R | F | J | K | D | M | B | I | C | U | A | E | I | H | C | Z | C |
| K | D | H | S | R | F | J | Y | C | N | H | R | K | R | U | D | D | H | U |
| T | S | F | O | Z | V | H | E | N | W | S | N | O | T | B | B | T | M | D |
| X | F | W | K | Z | I | T | A | T | U | Y | I | P | S | G | F | Z | Q | D |
| A | F | G | Z | L | E | U | J | T | R | G | E | K | K | M | E | R | T | W |
| E | G | R | O | O | E | Y | C | X | F | C | R | Y | Z | Y | U | S | R | V |

TURNIER
REKORD
EINWURF
SCHIEDSRICHTER
POKAL

ELFMETER
MOTIVATION
MITTELFELDSPIELER
VERLUST
FAULSPIEL

# Lösung

| U | D | B | E | F | M | S | R | I | P | X | H | S | J | R | B | D | Z | C |
|---|---|---|---|---|---|---|---|---|---|---|---|---|---|---|---|---|---|---|
| Q | S | L | E | E | H | B | Z | J | Q | J | A | P | E | R | S | V | E | J |
| J | A | E | J | X | Y | F | E | R | T | C | F | K | S | F | C | E | Q | U |
| V | Q | I | U | Y | S | U | Y | S | Z | D | O | H | M | J | H | R | Z | J |
| H | D | P | X | V | S | T | R | K | Q | R | L | D | I | K | I | L | V | K |
| E | N | S | L | F | C | E | D | Q | D | Z | U | U | T | H | E | U | W | L |
| O | M | L | P | G | E | L | F | M | E | T | E | R | T | P | D | S | F | N |
| I | E | U | Q | H | A | K | J | I | A | A | F | W | E | V | S | T | P | R |
| V | I | A | T | Z | W | U | U | K | B | Y | V | M | L | X | R | F | R | M |
| T | W | F | R | F | W | S | N | O | F | S | D | D | F | G | I | D | L | O |
| A | P | L | F | J | B | M | O | A | D | Z | B | Y | E | F | C | D | L | J |
| P | V | B | C | O | N | V | I | H | K | Y | S | X | L | A | H | Y | P | W |
| B | X | Y | Z | K | H | T | T | K | D | S | K | Z | D | N | T | H | J | H |
| U | X | H | S | F | M | Q | A | K | E | I | D | V | S | E | E | H | C | J |
| H | G | X | B | T | M | W | V | W | Q | N | R | K | P | Q | R | P | U | X |
| W | A | C | J | D | C | U | I | A | V | C | Q | E | I | R | U | Y | B | T |
| R | N | Q | L | B | H | N | T | N | O | W | N | W | E | Q | K | R | X | V |
| G | B | P | O | H | G | U | O | Z | E | W | T | L | L | Q | J | J | S | P |
| W | E | R | F | J | K | D | M | B | I | C | U | A | E | I | H | C | Z | C |
| K | D | H | S | R | F | J | Y | C | N | H | R | K | R | U | D | D | H | U |
| T | S | F | O | Z | V | H | E | N | W | S | N | O | T | B | B | T | M | D |
| X | F | W | K | Z | I | T | A | T | U | Y | I | P | S | G | F | Z | Q | D |
| A | F | G | Z | L | E | U | J | T | R | G | E | K | K | M | E | R | T | W |
| E | G | R | O | O | E | Y | C | X | F | C | R | Y | Z | Y | U | S | R | V |

| R | C | W | C | O | N | A | K | P | Y | I | N | R | K | M | J | P | M | D |
|---|---|---|---|---|---|---|---|---|---|---|---|---|---|---|---|---|---|---|
| K | R | V | F | T | R | A | I | N | I | N | G | C | A | I | G | C | R | C |
| M | T | W | V | I | R | V | V | U | R | N | I | P | G | T | C | E | Z | I |
| B | M | A | U | J | E | E | D | C | R | U | J | F | C | W | T | O | Q | K |
| M | Q | W | F | V | F | U | V | Q | I | P | T | T | F | P | O | N | J | J |
| G | C | C | N | R | E | T | S | I | E | M | T | L | E | W | L | X | I | G |
| I | S | T | O | I | U | W | I | W | T | F | S | N | G | N | X | F | R | J |
| N | R | B | E | V | G | C | U | N | V | F | P | Q | K | T | W | K | F | R |
| U | A | M | U | K | A | X | A | R | K | I | W | Q | C | Y | O | C | M | J |
| C | W | A | W | R | E | F | N | L | E | B | B | I | R | D | A | P | L | B |
| K | C | A | G | Q | L | Y | Y | A | V | S | T | A | D | I | O | N | W | P |
| A | G | I | W | Y | A | N | G | C | N | M | V | F | F | F | K | H | D | B |
| G | T | C | J | Q | P | B | J | S | L | F | G | Z | V | W | X | T | K | V |
| V | T | L | B | S | O | Z | N | O | Q | F | G | I | V | W | S | V | U | O |
| Y | I | G | V | Z | R | F | Z | O | M | A | C | Y | Z | L | T | U | F | I |
| S | R | Z | W | H | U | S | N | Y | Q | Y | F | B | X | G | S | G | D | Y |
| U | T | T | C | Y | E | I | M | P | E | F | W | Y | O | Q | K | W | E | A |
| Z | N | K | P | V | W | U | E | S | S | N | J | R | I | E | I | V | W | U |
| V | I | H | R | P | O | N | Y | F | Y | E | C | C | S | N | R | H | T | F |
| Z | E | E | U | V | U | L | L | Z | F | O | N | G | V | F | S | W | Q | G |
| K | V | B | L | U | H | M | Y | Q | A | R | J | G | G | T | E | N | O | A |
| V | T | A | K | T | I | K | E | L | Y | P | T | X | L | E | J | B | I | B |
| E | K | N | A | L | F | N | E | N | A | N | A | B | B | H | C | V | X | E |
| T | L | E | R | N | A | E | H | R | U | N | G | Y | T | U | S | A | Y | E |

AUFGABE
BANANENFLANKE
WELTMEISTER
TRAINING
ERNAEHRUNG

DRIBBELN
EINTRITT
TAKTIK
STADION
EUROPALEAGUE

# Lösung

| | | | | | | | | | | | | | | | | | | |
|---|---|---|---|---|---|---|---|---|---|---|---|---|---|---|---|---|---|---|
| R | C | W | C | O | N | A | K | P | Y | I | N | R | K | M | J | P | M | D |
| K | R | V | F | T | R | A | I | N | I | N | G | C | A | I | G | C | R | C |
| M | T | W | V | I | R | V | V | U | R | N | I | P | G | T | C | E | Z | I |
| B | M | A | U | J | E | E | D | C | R | U | J | F | C | W | T | O | Q | K |
| M | Q | W | F | V | F | U | V | Q | I | P | T | T | F | P | O | N | J | J |
| G | C | C | N | R | E | T | S | I | E | M | T | L | E | W | L | X | I | G |
| I | S | T | O | I | U | W | I | W | T | F | S | N | G | N | X | F | R | J |
| N | R | B | E | V | G | C | U | N | V | F | P | Q | K | T | W | K | F | R |
| U | A | M | U | K | A | X | A | R | K | I | W | Q | C | Y | O | C | M | J |
| C | W | A | W | R | E | F | N | L | E | B | B | I | R | D | A | P | L | B |
| K | C | A | G | Q | L | Y | Y | A | V | S | T | A | D | I | O | N | W | P |
| A | G | I | W | Y | A | N | G | C | N | M | V | F | F | F | K | H | D | B |
| G | T | C | J | Q | P | B | J | S | L | F | G | Z | V | W | X | T | K | V |
| V | T | L | B | S | O | Z | N | O | Q | F | G | I | V | W | S | V | U | O |
| Y | I | G | V | Z | R | F | Z | O | M | A | C | Y | Z | L | T | U | F | I |
| S | R | Z | W | H | U | S | N | Y | Q | Y | F | B | X | G | S | G | D | Y |
| U | T | T | C | Y | E | I | M | P | E | F | W | Y | O | Q | K | W | E | A |
| Z | N | K | P | V | W | U | E | S | S | N | J | R | I | E | I | V | W | U |
| V | I | H | R | P | O | N | Y | F | Y | E | C | C | S | N | R | H | T | F |
| Z | E | E | U | V | U | L | L | Z | F | O | N | G | V | F | S | W | Q | G |
| K | V | B | L | U | H | M | Y | Q | A | R | J | G | G | T | E | N | O | A |
| V | T | A | K | T | I | K | E | L | Y | P | T | X | L | E | J | B | I | B |
| E | K | N | A | L | F | N | E | N | A | N | A | B | B | H | C | V | X | E |
| T | L | E | R | N | A | E | H | R | U | N | G | Y | T | U | S | A | Y | E |

| S | T | O | L | L | E | N | A | R | E | N | A | N | R | T | G | L | F | E |
|---|---|---|---|---|---|---|---|---|---|---|---|---|---|---|---|---|---|---|
| F | N | J | C | P | H | E | I | L | B | A | A | I | T | Q | S | S | H | Y |
| O | S | R | J | Z | W | N | E | P | I | A | D | A | E | I | J | O | E | Z |
| A | U | T | A | M | Z | E | V | T | Y | D | O | Z | V | U | I | O | D | C |
| S | I | W | T | R | A | I | N | I | N | G | S | L | A | G | E | R | Z | F |
| V | X | M | T | O | O | F | B | C | Q | N | A | I | Y | Y | K | Z | E | I |
| D | E | Y | H | B | Y | U | I | Z | D | J | T | Y | U | W | P | S | I | T |
| E | A | D | K | Y | K | S | P | Q | M | C | O | S | D | G | J | F | T | N |
| H | H | F | N | G | A | O | O | O | D | X | G | M | N | B | S | Y | S | E |
| Z | P | L | B | F | N | B | O | K | I | P | H | U | A | F | Q | H | P | S |
| J | O | W | T | P | J | J | R | R | I | J | N | J | P | C | E | C | I | S |
| O | J | I | P | O | P | Y | Z | T | D | R | Q | R | E | L | B | W | E | E |
| M | H | L | X | E | X | C | M | H | A | I | U | V | L | Y | S | M | L | N |
| W | B | O | I | D | E | E | R | W | T | S | N | I | Q | M | Q | D | E | B |
| E | O | I | T | Y | F | P | R | R | D | T | W | A | B | H | P | A | E | Z |
| K | X | A | S | B | A | E | F | R | E | S | O | W | T | L | T | O | F | T |
| N | Y | N | M | P | V | U | Q | Q | E | W | V | V | I | I | H | S | V | O |
| A | P | Z | J | B | H | W | N | G | X | M | C | F | P | F | O | B | T | P |
| L | K | A | U | C | O | Q | E | J | G | T | D | A | D | H | Q | N | B | D |
| F | J | Q | K | N | P | I | F | V | H | F | K | A | P | V | R | H | K | L |
| K | V | M | V | V | S | Y | F | U | V | D | T | U | T | B | I | F | J | Q |
| A | H | X | W | Y | D | O | Y | U | V | T | E | Q | Z | X | S | J | O | Q |
| X | Z | M | C | I | X | A | N | H | G | F | Y | E | W | V | Q | K | Q | F |
| M | S | R | Q | H | M | G | W | Z | Y | M | H | Y | Q | L | J | T | F | M |

TRAININGSLAGER
SIEGESWILLE
FLANKE
ZEITSPIEL
STOLLEN

ARENA
KAPITAEN
FITNESS
VERWARNUNG
KOORDINATION

# Lösung

| S | T | O | L | L | E | N | A | R | E | N | A | N | R | T | G | L | F | E |
|---|---|---|---|---|---|---|---|---|---|---|---|---|---|---|---|---|---|---|
| F | N | J | C | P | H | E | I | L | B | A | A | I | T | Q | S | S | H | Y |
| O | S | R | J | Z | W | N | E | P | I | A | D | A | E | I | J | O | E | Z |
| A | U | T | A | M | Z | E | V | T | Y | D | O | Z | V | U | I | O | D | C |
| S | I | W | T | R | A | I | N | I | N | G | S | L | A | G | E | R | Z | F |
| V | X | M | T | O | O | F | B | C | Q | N | A | I | Y | Y | K | Z | E | I |
| D | E | Y | H | B | Y | U | I | Z | D | J | T | Y | U | W | P | S | I | T |
| E | A | D | K | Y | K | S | P | Q | M | C | O | S | D | G | J | F | T | N |
| H | H | F | N | G | A | O | O | O | D | X | G | M | N | B | S | Y | S | E |
| Z | P | L | B | F | N | B | O | K | I | P | H | U | A | F | Q | H | P | S |
| J | O | W | T | P | J | J | R | R | I | J | N | J | P | C | E | C | I | S |
| O | J | I | P | O | P | Y | Z | T | D | R | Q | R | E | L | B | W | E | E |
| M | H | L | X | E | X | C | M | H | A | I | U | V | L | Y | S | M | L | N |
| W | B | O | I | D | E | E | R | W | T | S | N | I | Q | M | Q | D | E | B |
| E | O | I | T | Y | F | P | R | R | D | T | W | A | B | H | P | A | E | Z |
| K | X | A | S | B | A | E | F | R | E | S | O | W | T | L | T | O | F | T |
| N | Y | N | M | P | V | U | Q | Q | E | W | V | V | I | I | H | S | V | O |
| A | P | Z | J | B | H | W | N | G | X | M | C | F | P | F | O | B | T | P |
| L | K | A | U | C | O | Q | E | J | G | T | D | A | D | H | Q | N | B | D |
| F | J | Q | K | N | P | I | F | V | H | F | K | A | P | V | R | H | K | L |
| K | V | M | V | V | S | Y | F | U | V | D | T | U | T | B | I | F | J | Q |
| A | H | X | W | Y | D | O | Y | U | V | T | E | Q | Z | X | S | J | O | Q |
| X | Z | M | C | I | X | A | N | H | G | F | Y | E | W | V | Q | K | Q | F |
| M | S | R | Q | H | M | G | W | Z | Y | M | H | Y | Q | L | J | T | F | M |

| | | | | | | | | | | | | | | | | | | |
|---|---|---|---|---|---|---|---|---|---|---|---|---|---|---|---|---|---|---|
| W | R | R | B | M | V | B | N | W | Q | E | X | R | H | S | R | S | T | E |
| E | O | H | N | J | T | L | R | B | C | V | F | H | P | J | C | Z | H | M |
| U | R | Z | V | L | M | T | E | E | M | G | S | I | A | T | F | S | L | V |
| P | S | D | C | F | Z | I | D | T | N | M | E | I | B | Q | N | X | J | K |
| Q | W | T | O | K | I | R | T | F | R | L | Y | A | W | Q | J | R | W | J |
| T | N | F | Y | N | J | M | B | Q | F | N | U | P | I | K | U | A | J | Q |
| L | E | E | A | I | J | E | D | E | V | S | Q | M | F | Z | B | N | I | E |
| K | Z | R | A | E | U | M | L | O | R | G | A | S | R | L | B | V | C | B |
| R | R | W | N | R | Y | D | W | U | P | G | Y | I | K | S | C | K | T | Y |
| A | P | E | N | E | G | L | E | A | P | P | T | M | V | L | F | T | O | O |
| D | H | I | F | V | J | S | Q | I | S | A | E | K | N | A | C | X | B | K |
| Q | V | T | R | P | T | P | W | S | S | F | F | L | H | A | D | H | J | B |
| P | B | T | T | U | Y | M | O | P | F | H | T | N | P | F | S | L | M | Q |
| I | P | R | N | Q | U | T | V | M | E | T | E | E | C | A | U | T | I | V |
| I | N | G | J | I | S | D | B | D | U | T | X | U | F | R | S | J | I | H |
| I | N | B | U | B | M | F | X | U | G | H | I | B | M | L | Y | S | Y | K |
| V | E | A | A | B | R | P | B | Y | F | E | G | A | H | V | K | X | C | L |
| D | P | Z | O | F | F | R | H | Q | S | T | E | A | C | M | B | J | W | M |
| H | U | P | G | W | F | S | S | B | I | O | X | B | T | R | D | P | H | G |
| E | I | E | D | M | C | E | A | B | Q | C | L | W | V | R | T | P | V | I |
| T | R | V | F | E | L | L | A | F | S | T | I | E | S | B | A | M | M | X |
| Y | F | P | X | X | Q | M | S | J | M | J | X | E | Q | U | R | W | U | G |
| A | A | B | S | T | A | U | B | E | R | M | P | O | C | R | Q | W | W | K |
| J | C | B | N | J | B | Y | L | U | F | Y | B | M | Z | L | M | X | B | P |

ABSTOSS
VEREIN
ABSTAUBER
TRIKOT
DOPPELPASS
ECKFAHNE
ABSEITSFALLE
AUSRUESTUNG
GYMNASTIK
SPIELFELD

# Lösung

| W | R | R | B | M | V | B | N | W | Q | E | X | R | H | S | R | S | T | E |
|---|---|---|---|---|---|---|---|---|---|---|---|---|---|---|---|---|---|---|
| E | O | H | N | J | T | L | R | B | C | V | F | H | P | J | C | Z | H | M |
| U | R | Z | V | L | M | T | E | E | M | G | S | I | A | T | F | S | L | V |
| P | S | D | C | F | Z | I | D | T | N | M | E | I | B | Q | N | X | J | K |
| Q | W | T | O | K | I | R | T | F | R | L | Y | A | W | Q | J | R | W | J |
| T | N | F | Y | N | J | M | B | Q | F | N | U | P | I | K | U | A | J | Q |
| L | E | E | A | I | J | E | D | E | V | S | Q | M | F | Z | B | N | I | E |
| K | Z | R | A | E | U | M | L | O | R | G | A | S | R | L | B | V | C | B |
| R | R | W | N | R | Y | D | W | U | P | G | Y | I | K | S | C | K | T | Y |
| A | P | E | N | E | G | L | E | A | P | P | T | M | V | L | F | T | O | O |
| D | H | I | F | V | J | S | Q | I | S | A | E | K | N | A | C | X | B | K |
| Q | V | T | R | P | T | P | W | S | S | F | F | L | H | A | D | H | J | B |
| P | B | T | T | U | Y | M | O | P | F | H | T | N | P | F | S | L | M | Q |
| I | P | R | N | Q | U | T | V | M | E | T | E | E | C | A | U | T | I | V |
| I | N | G | J | I | S | D | B | D | U | T | X | U | F | R | S | J | I | H |
| I | N | B | U | B | M | F | X | U | G | H | I | B | M | L | Y | S | Y | K |
| V | E | A | A | B | R | P | B | Y | F | E | G | A | H | V | K | X | C | L |
| D | P | Z | O | F | F | R | H | Q | S | T | E | A | C | M | B | J | W | M |
| H | U | P | G | W | F | S | S | B | I | O | X | B | T | R | D | P | H | G |
| E | I | E | D | M | C | E | A | B | Q | C | L | W | V | R | T | P | V | I |
| T | R | V | F | E | L | L | A | F | S | T | I | E | S | B | A | M | M | X |
| Y | F | P | X | X | Q | M | S | J | M | J | X | E | Q | U | R | W | U | G |
| A | A | B | S | T | A | U | B | E | R | M | P | O | C | R | Q | W | W | K |
| J | C | B | N | J | B | Y | L | U | F | Y | B | M | Z | L | M | X | B | P |

| | | | | | | | | | | | | | | | | | | |
|---|---|---|---|---|---|---|---|---|---|---|---|---|---|---|---|---|---|---|
| T | X | W | X | P | T | K | X | X | I | Z | S | P | A | P | G | P | Y | T |
| R | B | J | L | V | R | D | U | V | W | Y | I | O | N | U | N | M | S | R |
| N | B | X | A | A | O | P | T | U | E | B | A | G | C | E | H | L | C | L |
| R | T | K | Q | D | S | E | Y | N | N | R | K | V | W | W | G | R | O | B |
| Z | G | D | F | O | G | H | H | L | D | F | T | O | H | Y | J | V | P | Q |
| Z | N | J | P | E | N | V | V | C | D | E | W | E | R | H | F | T | R | N |
| G | I | O | H | F | U | T | R | B | S | L | F | J | I | C | E | W | Y | G |
| U | O | F | J | R | G | E | T | Q | V | T | U | A | T | D | R | D | O | M |
| L | L | M | W | C | A | O | O | H | P | S | E | F | R | E | I | A | Z | A |
| G | H | N | H | D | R | H | Z | F | H | X | P | A | U | T | P | G | N | R |
| B | Q | A | K | Z | T | Z | A | Z | D | D | S | A | R | Z | S | Q | E | T |
| J | S | A | M | Z | S | D | L | T | D | H | H | L | O | G | H | O | H | R |
| R | S | E | Y | K | U | B | P | B | U | C | L | O | Q | Q | T | K | E | N |
| E | S | V | W | L | A | A | H | F | S | V | Q | T | W | X | X | U | C | Y |
| L | O | E | U | H | D | D | I | U | S | R | K | U | J | O | K | C | L | C |
| E | T | K | T | C | Y | R | Z | D | P | L | U | I | Q | U | J | R | M | B |
| I | S | F | W | O | W | E | A | O | G | V | O | Y | T | F | H | Q | Z | M |
| P | F | E | M | I | M | P | A | T | P | V | F | J | H | W | X | Q | W | F |
| S | A | H | D | Y | T | L | C | Z | C | M | J | I | H | N | X | I | D | C |
| M | R | W | E | L | A | N | D | E | S | M | E | I | S | T | E | R | G | T |
| A | T | G | L | Z | L | X | A | R | R | H | E | W | B | A | K | L | J | W |
| E | S | I | U | W | X | M | Q | I | F | S | S | U | H | C | S | D | Q | O |
| T | T | G | C | J | W | J | H | V | Y | A | W | D | R | Q | V | O | Q | W |
| U | C | P | C | W | W | W | Q | O | U | C | V | X | M | E | J | N | D | V |

# 11

LANDESMEISTER
ABWEHR
TEAMSPIELER
VERTEIDIGER
BLUTGRAETSCHE

SCHUSS
ZUSCHAUER
STRAFE
STRAFSTOSS
AUSTRAGUNGSORT

# Lösung

T X W X P T K X X I Z S P A P G P Y T
R B J L V R D U V W Y I O N U N M S R
N B X A A O P T U E B A G C E H L C L
R T K Q D S E Y N N R K V W W G R O B
Z G D F O G H H L D F T O H Y J V P Q
Z N J P E N V V C D E W E R H F T R N
G I O H F U T R B S L F J I C E W Y G
U O F J R G E T Q V T U A T D R D O M
L L M W C A O O H P S E F R E I A Z A
G H N H D R H Z F H X P A U T P G N R
B Q A K Z T Z A Z D D S A R Z S Q E T
J S A M Z S D L T D H H L O G H O H R
R S E Y K U B P B U C L O Q Q T K E N
E S V W L A A H F S V Q T W X X U C Y
L O E U H D D I U S R K U J O K C L C
E T K T C Y R Z D P L U I Q U J R M B
I S F W O W E A O G V O Y T F H Q Z M
P F E M I M P A T P V F J H W X Q W F
S A H D Y T L C Z C M J I H N X I D C
M R W E L A N D E S M E I S T E R G T
A T G L Z L X A R R H E W B A K L J W
E S I U W X M Q I F S S U H C S D Q O
T T G C J W J H V Y A W D R Q V O Q W
U C P C W W W Q O U C V X M E J N D V

| | | | | | | | | | | | | | | | | | | |
|---|---|---|---|---|---|---|---|---|---|---|---|---|---|---|---|---|---|---|
| P | L | T | G | K | Q | L | M | Z | X | N | A | F | W | T | V | L | U | W |
| P | L | F | E | N | T | I | Y | Z | N | W | P | E | E | J | M | A | D | A |
| H | Z | N | A | C | W | P | K | K | H | L | B | U | Q | V | S | F | W | R |
| G | E | P | W | M | H | I | S | C | E | O | L | J | I | N | T | Z | E | M |
| X | C | C | Q | T | S | N | Y | I | Q | E | A | D | M | O | U | N | L | E |
| T | R | P | P | G | M | Q | I | B | X | U | E | J | G | K | E | D | T | Q |
| S | U | M | T | D | K | I | I | K | M | O | B | N | N | T | R | F | K | O |
| H | D | C | W | P | B | D | V | Y | B | W | S | I | P | Z | M | K | L | Y |
| Y | Z | I | X | P | E | E | Q | E | H | Q | M | V | A | Y | E | N | A | U |
| M | Q | X | E | Y | E | M | W | T | P | K | H | O | R | X | R | Y | S | W |
| I | B | S | A | L | F | E | A | G | P | O | R | R | T | D | Y | R | S | F |
| R | L | V | W | J | I | T | Q | M | S | N | E | S | S | D | U | W | E | F |
| Q | Z | A | F | S | Z | T | A | L | P | T | G | T | H | R | A | A | Z | D |
| S | T | N | P | Q | E | X | V | V | B | E | E | O | A | O | H | Q | H | Z |
| U | O | F | V | Q | C | P | D | D | M | R | N | P | K | C | E | Y | R | L |
| M | U | F | J | X | W | R | R | H | O | S | P | P | E | Y | Q | R | N | S |
| C | X | I | F | S | P | Y | X | G | L | P | A | E | H | H | B | P | F | R |
| M | D | F | W | W | W | W | V | R | A | I | U | R | A | S | R | L | F | M |
| W | E | P | A | M | K | D | L | K | S | E | S | Y | N | A | Y | G | O | M |
| T | Z | N | R | P | A | J | V | T | F | L | E | M | D | M | L | D | V | N |
| V | T | A | D | M | T | Q | P | K | H | E | S | U | S | U | P | Q | D | C |
| T | P | S | P | P | L | M | C | M | B | R | K | H | D | K | N | P | V | O |
| R | A | L | L | P | J | M | N | L | E | O | G | V | Q | R | I | Q | X | M |
| T | B | I | U | U | N | A | G | H | H | F | G | D | J | S | J | L | M | S |

# 12

VIDEOBEWEIS
VORSTOPPER
KONTERSPIELER
SHAKEHANDS
REGENPAUSE

ANPFIFF
STUERMER
WELTKLASSE
PLATZ
TECHNIK

# Lösung

| P | L | T | G | K | Q | L | M | Z | X | N | A | F | W | T | V | L | U | W |
|---|---|---|---|---|---|---|---|---|---|---|---|---|---|---|---|---|---|---|
| P | L | F | E | N | T | I | Y | Z | N | W | P | E | E | J | M | A | D | A |
| H | Z | N | A | C | W | P | K | K | H | L | B | U | Q | V | S | F | W | R |
| G | E | P | W | M | H | I | S | C | E | O | L | J | I | N | T | Z | E | M |
| X | C | C | Q | T | S | N | Y | I | Q | E | A | D | M | O | U | N | L | E |
| T | R | P | P | G | M | Q | I | B | X | U | E | J | G | K | E | D | T | Q |
| S | U | M | T | D | K | I | I | K | M | O | B | N | N | T | R | F | K | O |
| H | D | C | W | P | B | D | V | Y | B | W | S | I | P | Z | M | K | L | Y |
| Y | Z | I | X | P | E | E | Q | E | H | Q | M | V | A | Y | E | N | A | U |
| M | Q | X | E | Y | E | M | W | T | P | K | H | O | R | X | R | Y | S | W |
| I | B | S | A | L | F | E | A | G | P | O | R | R | T | D | Y | R | S | F |
| R | L | V | W | J | I | T | Q | M | S | N | E | S | S | D | U | W | E | F |
| Q | Z | A | F | S | Z | T | A | L | P | T | G | T | H | R | A | A | Z | D |
| S | T | N | P | Q | E | X | V | V | B | E | E | O | A | O | H | Q | H | Z |
| U | O | F | V | Q | C | P | D | D | M | R | N | P | K | C | E | Y | R | L |
| M | U | F | J | X | W | R | R | H | O | S | P | P | E | Y | Q | R | N | S |
| C | X | I | F | S | P | Y | X | G | L | P | A | E | H | H | B | P | F | R |
| M | D | F | W | W | W | W | V | R | A | I | U | R | A | S | R | L | F | M |
| W | E | P | A | M | K | D | L | K | S | E | S | Y | N | A | Y | G | O | M |
| T | Z | N | R | P | A | J | V | T | F | L | E | M | D | M | L | D | V | N |
| V | T | A | D | M | T | Q | P | K | H | E | S | U | S | U | P | Q | D | C |
| T | P | S | P | P | L | M | C | M | B | R | K | H | D | K | N | P | V | O |
| R | A | L | L | P | J | M | N | L | E | O | G | V | Q | R | I | Q | X | M |
| T | B | I | U | U | N | A | G | H | H | F | G | D | J | S | J | L | M | S |

| | | | | | | | | | | | | | | | | | | |
|---|---|---|---|---|---|---|---|---|---|---|---|---|---|---|---|---|---|---|
| E | S | Q | G | G | K | L | Y | R | B | G | M | I | A | R | W | E | L | L |
| M | T | Q | J | K | S | K | K | J | R | L | A | D | L | K | C | A | T | J |
| P | R | A | E | M | I | E | Z | U | B | L | N | E | Q | S | L | K | C | P |
| D | D | G | T | D | H | B | B | Y | D | A | N | G | Z | E | L | S | H | L |
| E | Y | U | K | A | P | A | V | H | D | B | D | C | I | S | J | P | V | C |
| F | Z | O | T | D | N | N | U | P | S | U | E | W | U | I | J | D | I | L |
| E | S | S | R | J | I | G | A | U | Q | E | C | F | E | T | F | R | V | P |
| N | R | D | I | A | Q | R | N | N | D | Z | K | J | K | A | F | Y | K | S |
| S | X | U | B | X | F | I | S | A | N | I | U | M | J | U | V | L | O | Q |
| I | Y | G | U | H | U | F | D | T | F | K | N | G | I | T | L | O | E | Z |
| V | V | M | E | X | U | F | M | U | W | W | G | F | E | V | H | V | N | L |
| S | T | K | N | A | H | S | E | W | C | A | T | E | N | A | C | C | I | O |
| P | W | S | E | K | M | S | K | N | I | J | G | V | C | W | V | I | G | G |
| I | C | A | X | Z | M | P | Z | L | O | P | Z | U | X | K | U | D | S | H |
| E | U | H | G | H | E | I | B | Q | N | Z | U | N | F | Q | E | H | K | D |
| L | U | B | J | T | H | E | B | O | X | P | E | N | W | J | G | Z | L | D |
| H | U | G | K | O | O | L | L | X | T | H | W | K | K | D | M | J | A | Z |
| U | G | Q | E | J | F | T | O | R | T | W | Y | B | P | F | G | L | S | R |
| G | Z | H | G | Y | V | D | B | V | B | N | N | H | B | Q | U | J | S | L |
| H | H | A | V | E | C | F | M | J | F | T | G | X | X | F | P | N | E | V |
| V | Z | C | O | N | D | N | L | I | G | J | F | O | X | E | E | D | G | P |
| E | E | I | H | M | V | E | A | J | S | E | C | M | U | P | A | G | O | V |
| Y | G | S | A | H | D | A | D | S | O | O | G | F | X | R | G | A | V | J |
| X | E | E | S | O | F | W | N | Q | U | L | W | Z | U | I | G | P | M | L |

# 13

KOENIGSKLASSE
MANNDECKUNG
PRAEMIE
ANGRIFFSSPIEL
CATENACCIO

ECKE
TRIBUENE
DEFENSIVSPIEL
BALL
DFB

# Lösung

| E | S | Q | G | G | K | L | Y | R | B | G | M | I | A | R | W | E | L | L |
|---|---|---|---|---|---|---|---|---|---|---|---|---|---|---|---|---|---|---|
| M | T | Q | J | K | S | K | K | J | R | L | A | D | L | K | C | A | T | J |
| P | R | A | E | M | I | E | Z | U | B | L | N | E | Q | S | L | K | C | P |
| D | D | G | T | D | H | B | B | Y | D | A | N | G | Z | E | L | S | H | L |
| E | Y | U | K | A | P | A | V | H | D | B | D | C | I | S | J | P | V | C |
| F | Z | O | T | D | N | N | U | P | S | U | E | W | U | I | J | D | I | L |
| E | S | S | R | J | I | G | A | U | Q | E | C | F | E | T | F | R | V | P |
| N | R | D | I | A | Q | R | N | N | D | Z | K | J | K | A | F | Y | K | S |
| S | X | U | B | X | F | I | S | A | N | I | U | M | J | U | V | L | O | Q |
| I | Y | G | U | H | U | F | D | T | F | K | N | G | I | T | L | O | E | Z |
| V | V | M | E | X | U | F | M | U | W | W | G | F | E | V | H | V | N | L |
| S | T | K | N | A | H | S | E | W | C | A | T | E | N | A | C | C | I | O |
| P | W | S | E | K | M | S | K | N | I | J | G | V | C | W | V | I | G | G |
| I | C | A | X | Z | M | P | Z | L | O | P | Z | U | X | K | U | D | S | H |
| E | U | H | G | H | E | I | B | Q | N | Z | U | N | F | Q | E | H | K | D |
| L | U | B | J | T | H | E | B | O | X | P | E | N | W | J | G | Z | L | D |
| H | U | G | K | O | O | L | L | X | T | H | W | K | K | D | M | J | A | Z |
| U | G | Q | E | J | F | T | O | R | T | W | Y | B | P | F | G | L | S | R |
| G | Z | H | G | Y | V | D | B | V | B | N | N | H | B | Q | U | J | S | L |
| H | H | A | V | E | C | F | M | J | F | T | G | X | X | F | P | N | E | V |
| V | Z | C | O | N | D | N | L | I | G | J | F | O | X | E | E | D | G | P |
| E | E | I | H | M | V | E | A | J | S | E | C | M | U | P | A | G | O | V |
| Y | G | S | A | H | D | A | D | S | O | O | G | F | X | R | G | A | V | J |
| X | E | E | S | O | F | W | N | Q | U | L | W | Z | U | I | G | P | M | L |

| Y | Z | D | Z | D | Q | P | Q | N | K | W | R | B | V | K | S | D | C | G |
|---|---|---|---|---|---|---|---|---|---|---|---|---|---|---|---|---|---|---|
| V | Q | J | K | Y | W | R | P | F | O | S | T | E | N | T | B | G | W | C |
| L | E | I | P | S | V | I | S | N | E | F | F | O | F | S | O | M | E | W |
| J | Z | U | L | S | W | R | M | D | D | D | W | N | X | A | M | E | Q | V |
| C | U | U | A | M | U | A | A | V | Y | H | L | U | K | W | T | A | B | O |
| H | Z | M | W | X | P | U | N | K | T | E | S | T | A | N | D | K | J | Q |
| M | S | S | T | V | K | P | O | L | U | A | O | Q | L | U | H | U | W | C |
| V | S | J | Y | Q | M | A | E | W | G | H | I | B | V | P | A | A | D | T |
| U | V | N | M | X | O | H | W | C | Q | R | E | I | D | U | X | E | K | H |
| T | M | V | V | J | J | E | D | B | M | K | F | T | S | J | O | H | V | S |
| H | T | R | I | X | Z | U | X | U | B | Y | C | D | Y | K | U | Z | M | A |
| Z | P | J | K | Q | E | G | R | E | T | V | A | G | O | B | G | G | T | V |
| U | N | O | J | X | C | L | N | K | K | U | Q | N | I | X | E | N | Y | V |
| E | K | M | W | G | F | N | H | X | E | K | Y | R | W | N | I | R | F | Z |
| Y | O | J | M | Q | B | D | A | R | S | G | E | M | T | A | T | O | A | Q |
| V | A | J | C | X | L | Y | T | M | B | Z | Z | G | R | U | S | S | T | T |
| Y | P | X | S | J | H | R | P | K | T | H | X | M | A | S | B | J | R | X |
| Q | O | R | T | E | A | W | S | I | X | O | A | X | I | L | A | K | W | C |
| X | X | K | X | I | I | Z | L | N | R | Z | F | M | N | I | J | J | I | S |
| I | G | W | N | H | L | F | E | B | M | Q | G | K | E | N | R | O | T | O |
| S | L | I | V | S | W | C | X | H | Z | D | M | A | R | I | F | R | T | T |
| B | N | K | X | R | N | Q | U | B | I | X | W | S | G | E | Q | I | P | T |
| G | R | E | H | E | I | Z | K | C | E | U | R | L | L | A | F | P | B | X |
| G | U | N | C | Z | X | A | C | C | X | O | A | Z | Q | I | L | M | Y | R |

FALLRUECKZIEHER
TRAINER
FLITZER
ABSTIEG
AUSLINIE

AUSDAUERTRAINING
PUNKTESTAND
PFOSTEN
OFFENSIVSPIEL
TOR

# Lösung

Y Z D Z D Q P Q N K W R B V K S D C G
V Q J K Y W R P F O S T E N T B G W C
L E I P S V I S N E F F O F S O M E W
J Z U L S W R M D D D W N X A M E Q V
C U U A M U A A V Y H L U K W T A B O
H Z M W X P U N K T E S T A N D K J Q
M S S T V K P O L U A O Q L U H U W C
V S J Y Q M A E W G H I B V P A A D T
U V N M X O H W C Q R E I D U X E K H
T M V V J J E D B M K F T S J O H V S
H T R I X Z U X U B Y C D Y K U Z M A
Z P J K Q E G R E T V A G O B G G T V
U N O J X C L N K K U Q N I X E N Y V
E K M W G F N H X E K Y R W N I R F Z
Y O J M Q B D A R S G E M T A T O A Q
V A J C X L Y T M B Z Z G R U S S T T
Y P X S J H R P K T H X M A S B J R X
Q O R T E A W S I X O A X I L A K W C
X X K X I I Z L N R Z F M N I J J I S
I G W N H L F E B M Q G K E N R O T O
S L I V S W C X H Z D M A R I F R T T
B N K X R N Q U B I X W S G E Q I P T
G R E H E I Z K C E U R L L A F P B X
G U N C Z X A C C X O A Z Q I L M Y R

| | | | | | | | | | | | | | | | | | | |
|---|---|---|---|---|---|---|---|---|---|---|---|---|---|---|---|---|---|---|
| X | V | Z | B | F | J | R | T | J | D | P | H | S | W | P | Y | U | L | K |
| R | N | I | K | G | P | P | O | F | L | L | Y | S | P | N | R | T | T | M |
| X | V | F | K | N | Q | J | N | B | N | Z | E | O | G | T | L | C | D | G |
| N | Q | Q | V | U | W | W | W | W | N | V | K | T | G | G | J | A | H | D |
| S | Q | X | P | R | Q | O | H | V | Y | U | T | S | E | V | I | T | A | G |
| O | X | I | R | E | V | E | I | M | V | R | F | R | W | P | F | I | J | A |
| T | F | Y | G | G | H | B | U | P | D | S | A | E | I | F | A | E | Y | N |
| P | L | N | Z | N | W | C | X | R | W | P | H | V | N | A | N | Z | S | H |
| D | S | P | I | E | L | S | T | A | N | D | C | L | N | N | S | L | D | K |
| A | K | I | J | A | F | D | D | U | I | J | S | E | E | K | P | E | N | L |
| E | H | X | T | L | Y | E | L | W | S | M | N | G | R | U | R | I | X | S |
| N | U | W | J | R | L | M | B | X | B | W | N | E | M | R | A | P | T | J |
| G | H | Q | A | E | X | C | H | U | A | P | A | R | M | V | C | S | O | A |
| Z | O | J | A | V | H | F | N | I | H | F | M | Z | X | E | H | H | Y | X |
| L | J | Y | F | W | O | D | Q | L | D | N | M | J | M | T | E | C | K | N |
| L | Z | I | H | O | E | R | H | D | F | B | I | K | H | F | L | A | U | Q |
| T | U | J | H | S | Y | L | Q | B | F | G | E | I | R | X | E | N | R | Y |
| J | J | Y | L | Z | S | K | Q | J | H | N | H | E | V | S | C | X | C | M |
| N | T | I | E | B | Z | Z | L | U | W | A | I | D | N | O | Y | Y | M | C |
| T | G | Q | M | Z | I | W | K | E | R | S | N | U | K | K | W | V | D | O |
| A | W | H | N | Q | Z | Y | D | K | T | B | O | Q | E | H | H | G | T | I |
| I | I | A | U | L | Y | Z | Q | O | A | A | T | F | D | B | J | Q | U | Q |
| Y | O | C | X | E | E | J | S | B | T | Q | A | Q | O | T | Y | O | A | D |
| P | A | D | H | O | K | S | X | Q | C | L | X | Q | K | D | V | Y | T | E |

# 15

REGELVERSTOSS
GEWINNER
FANKURVE
FREISTOSS
BUNDESLIGA
NACHSPIELZEIT
VERLAENGERUNG
ANSPRACHE
SPIELSTAND
HEIMMANNSCHAFT

# Lösung

| X | V | Z | B | F | J | R | T | J | D | P | H | S | W | P | Y | U | L | K |
|---|---|---|---|---|---|---|---|---|---|---|---|---|---|---|---|---|---|---|
| R | N | I | K | G | P | P | O | F | L | L | Y | S | P | N | R | T | T | M |
| X | V | F | K | N | Q | J | N | B | N | Z | E | O | G | T | L | C | D | G |
| N | Q | Q | V | U | W | W | W | W | N | V | K | T | G | G | J | A | H | D |
| S | Q | X | P | R | Q | O | H | V | Y | U | T | S | E | V | I | T | A | G |
| O | X | I | R | E | V | E | I | M | V | R | F | R | W | P | F | I | J | A |
| T | F | Y | G | G | H | B | U | P | D | S | A | E | I | F | A | E | Y | N |
| P | L | N | Z | N | W | C | X | R | W | P | H | V | N | A | N | Z | S | H |
| D | S | P | I | E | L | S | T | A | N | D | C | L | N | N | S | L | D | K |
| A | K | I | J | A | F | D | D | U | I | J | S | E | E | K | P | E | N | L |
| E | H | X | T | L | Y | E | L | W | S | M | N | G | R | U | R | I | X | S |
| N | U | W | J | R | L | M | B | X | B | W | N | E | M | R | A | P | T | J |
| G | H | Q | A | E | X | C | H | U | A | P | A | R | M | V | C | S | O | A |
| Z | O | J | A | V | H | F | N | I | H | F | M | Z | X | E | H | H | Y | X |
| L | J | Y | F | W | O | D | Q | L | D | N | M | J | M | T | E | C | K | N |
| L | Z | I | H | O | E | R | H | D | F | B | I | K | H | F | L | A | U | Q |
| T | U | J | H | S | Y | L | Q | B | F | G | E | I | R | X | E | N | R | Y |
| J | J | Y | L | Z | S | K | Q | J | H | N | H | E | V | S | C | X | C | M |
| N | T | I | E | B | Z | Z | L | U | W | A | I | D | N | O | Y | Y | M | C |
| T | G | Q | M | Z | I | W | K | E | R | S | N | U | K | K | W | V | D | O |
| A | W | H | N | Q | Z | Y | D | K | T | B | O | Q | E | H | H | G | T | I |
| I | I | A | U | L | Y | Z | Q | O | A | A | T | F | D | B | J | Q | U | Q |
| Y | O | C | X | E | E | J | S | B | T | Q | A | Q | O | T | Y | O | A | D |
| P | A | D | H | O | K | S | X | Q | C | L | X | Q | K | D | V | Y | T | E |

| | | | | | | | | | | | | | | | | | | |
|---|---|---|---|---|---|---|---|---|---|---|---|---|---|---|---|---|---|---|
| K | R | L | E | H | Z | B | K | D | L | S | Q | G | Y | L | G | C | H | Y |
| S | L | H | B | G | Y | C | X | Z | M | W | L | B | M | V | J | Z | W | K |
| R | J | K | M | R | Y | U | M | N | M | U | X | A | N | O | K | X | U | Z |
| K | P | A | B | O | W | A | F | L | U | H | N | S | F | X | E | V | C | J |
| A | H | R | W | T | I | V | V | O | B | N | C | E | P | I | H | U | M | F |
| V | O | T | C | E | E | B | J | C | S | H | E | O | Y | P | E | R | H | E |
| G | G | E | R | B | K | X | N | C | Y | D | A | P | Z | B | E | V | D | I |
| N | V | C | R | H | B | S | H | J | B | R | W | N | U | R | Q | T | U | O |
| U | V | S | M | S | A | A | X | U | C | U | L | N | S | C | N | D | H | C |
| G | J | A | L | U | F | O | Y | R | D | P | G | A | P | X | C | D | X | P |
| I | H | A | D | T | I | H | U | C | R | X | T | S | M | Y | O | S | B | F |
| D | T | R | B | F | P | Y | E | I | S | Z | G | R | K | Z | N | N | N | O |
| I | V | T | F | H | U | U | C | E | S | E | Y | U | V | S | H | L | I | H |
| E | D | X | I | H | R | I | L | P | B | H | B | T | Q | P | A | Q | S | W |
| T | D | S | W | X | W | A | I | L | S | K | C | L | V | K | C | O | W | V |
| R | T | C | T | K | J | E | A | A | K | D | F | L | D | F | P | S | E | D |
| E | A | C | E | E | L | W | A | J | Y | N | B | A | F | E | U | K | T | T |
| V | T | M | I | E | H | Y | H | I | C | T | K | H | W | N | A | O | T | Z |
| B | T | R | R | C | Q | F | Q | G | L | P | A | S | N | X | G | P | K | Z |
| C | X | J | S | O | A | M | W | L | H | E | I | I | R | M | P | F | A | O |
| X | K | T | Z | S | N | J | V | U | R | W | W | L | G | V | V | B | M | Q |
| W | W | U | J | N | V | Y | M | O | P | E | O | H | V | P | B | A | P | A |
| H | L | R | Y | H | R | K | S | N | G | B | S | R | S | K | G | L | F | Z |
| P | B | T | T | Z | G | B | X | F | B | T | X | F | M | N | X | L | U | D |

# 16

KOPFBALL
VERTEIDIGUNG
MANNSCHAFT
UEFA
ROTE KARTE

GEWINN
UEBUNG
ERSATZSPIELER
SCHWALBE
WETTKAMPF

# Lösung

K R L E H Z B K D L S Q G Y L G C H Y
S L H B G Y C X Z M W L B M V J Z W K
R J K M R Y U M N M U X A N O K X U Z
K P A B O W A F L U H N S F X E V C J
A H R W T I V V O B N C E P I H U M F
V O T C E E B J C S H E O Y P E R H E
G G E R B K X N C Y D A P Z B E V D I
N V C R H B S H J B R W N U R Q T U O
U V S M S A A X U C U L N S C N D H C
G J A L U F O Y R D P G A P X C D X P
I H A D T I H U C R X T S M Y O S B F
D T R B F P Y E I S Z G R K Z N N N O
I V T F H U U C E S E Y U V S H L I H
E D X I H R I L P B H B T Q P A Q S W
T D S W X W A I L S K C L V K C O W V
R T C T K J E A A K D F L D F P S E D
E A C E E L W A J Y N B A F E U K T T
V T M I E H Y H I C T K H W N A O T Z
B T R R C Q F Q G L P A S N X G P K Z
C X J S O A M W L H E I I R M P F A O
X K T Z S N J V U R W W L G V V B M Q
W W U J N V Y M O P E O H V P B A P A
H L R Y H R K S N G B S R S K G L F Z
P B T T Z G B X F B T X F M N X L U D

| | | | | | | | | | | | | | | | | | | |
|---|---|---|---|---|---|---|---|---|---|---|---|---|---|---|---|---|---|---|
| I | A | Q | R | L | W | Q | I | T | L | C | X | F | X | W | T | B | F | G |
| W | F | H | P | H | F | S | P | L | E | R | F | X | J | H | X | L | S | N |
| G | N | U | D | I | E | H | C | S | T | N | E | X | R | J | J | W | A | A |
| W | O | H | H | T | Y | J | S | G | R | O | C | C | E | I | G | H | U | D |
| Y | Y | V | G | F | A | R | X | A | A | A | B | Z | C | N | H | V | V | Q |
| T | T | J | W | A | L | O | U | M | K | T | F | N | I | Q | M | D | H | C |
| C | L | Y | J | R | J | Z | X | J | X | T | F | E | H | E | G | X | F | K |
| O | W | Y | B | K | S | O | R | N | H | Q | D | T | U | X | X | M | W | Q |
| W | I | O | D | L | D | A | X | U | J | E | F | N | R | S | I | H | B | Z |
| N | Z | K | Y | L | H | B | T | H | R | W | P | O | M | A | G | K | W | C |
| F | M | S | L | E | V | T | C | L | T | X | L | H | B | V | W | N | I | A |
| E | M | I | L | N | H | X | A | C | I | L | A | O | L | A | T | R | Y | Y |
| Q | G | K | J | H | Z | G | R | T | S | L | T | Q | E | K | R | G | O | G |
| Z | G | L | X | C | E | Q | F | P | B | W | Z | W | B | M | Q | K | I | T |
| A | I | W | O | S | N | J | I | Z | Q | G | V | N | L | Q | I | T | J | U |
| B | Y | R | B | H | H | E | E | B | X | N | E | X | E | H | K | F | U | O |
| J | P | N | K | B | L | I | K | C | R | K | R | T | G | H | T | O | P | R |
| J | I | T | G | R | T | G | M | B | W | S | W | L | W | F | P | D | Q | S |
| E | G | U | E | E | G | K | E | E | O | K | E | C | A | C | N | Q | X | S |
| P | X | G | S | F | A | Y | L | D | Q | Y | I | G | V | D | L | Y | Z | G |
| R | E | H | C | A | M | L | E | I | P | S | S | E | W | I | Y | E | A | N |
| L | G | A | D | T | X | A | M | C | A | W | R | C | I | P | G | U | R | A |
| G | N | U | R | E | D | N | I | H | E | B | L | E | I | P | S | D | C | W |
| D | H | H | D | P | I | Q | C | G | Q | W | X | I | Y | U | H | C | P | U |

# 17

GELBE KARTE
HALBZEIT
SCHNELLKRAFT
SPIELMACHER
TORWART
ENTSCHEIDUNG
PLATZVERWEIS
SPIELBEHINDERUNG
NIEDERLAGE
SPIELREGEL

# Lösung

| I | A | Q | R | L | W | Q | I | T | L | C | X | F | X | W | T | B | F | G |
|---|---|---|---|---|---|---|---|---|---|---|---|---|---|---|---|---|---|---|
| W | F | H | P | H | F | S | P | L | E | R | F | X | J | H | X | L | S | N |
| G | N | U | D | I | E | H | C | S | T | N | E | X | R | J | J | W | A | A |
| W | O | H | H | T | Y | J | S | G | R | O | C | C | E | I | G | H | U | D |
| Y | Y | V | G | F | A | R | X | A | A | A | B | Z | C | N | H | V | V | Q |
| T | T | J | W | A | L | O | U | M | K | T | F | N | I | Q | M | D | H | C |
| C | L | Y | J | R | J | Z | X | J | X | T | F | E | H | E | G | X | F | K |
| O | W | Y | B | K | S | O | R | N | H | Q | D | T | U | X | X | M | W | Q |
| W | I | O | D | L | D | A | X | U | J | E | F | N | R | S | I | H | B | Z |
| N | Z | K | Y | L | H | B | T | H | R | W | P | O | M | A | G | K | W | C |
| F | M | S | L | E | V | T | C | L | T | X | L | H | B | V | W | N | I | A |
| E | M | I | L | N | H | X | A | C | I | L | A | O | L | A | T | R | Y | Y |
| Q | G | K | J | H | Z | G | R | T | S | L | T | Q | E | K | R | G | O | G |
| Z | G | L | X | C | E | Q | F | P | B | W | Z | W | B | M | Q | K | I | T |
| A | I | W | O | S | N | J | I | Z | Q | G | V | N | L | Q | I | T | J | U |
| B | Y | R | B | H | H | E | E | B | X | N | E | X | E | H | K | F | U | O |
| J | P | N | K | B | L | I | K | C | R | K | R | T | G | H | T | O | P | R |
| J | I | T | G | R | T | G | M | B | W | S | W | L | W | F | P | D | Q | S |
| E | G | U | E | E | G | K | E | E | O | K | E | C | A | C | N | Q | X | S |
| P | X | G | S | F | A | Y | L | D | Q | Y | I | G | V | D | L | Y | Z | G |
| R | E | H | C | A | M | L | E | I | P | S | S | E | W | I | Y | E | A | N |
| L | G | A | D | T | X | A | M | C | A | W | R | C | I | P | G | U | R | A |
| G | N | U | R | E | D | N | I | H | E | B | L | E | I | P | S | D | C | W |
| D | H | H | D | P | I | Q | C | G | Q | W | X | I | Y | U | H | C | P | U |

| P | E | I | N | I | N | U | M | P | X | G | N | F | G | P | P | F | H | O |
|---|---|---|---|---|---|---|---|---|---|---|---|---|---|---|---|---|---|---|
| D | S | J | L | Z | U | U | D | Y | Z | P | D | T | K | F | Q | V | O | X |
| S | U | A | N | E | T | I | E | S | S | W | M | Z | Q | Q | H | U | N | W |
| T | A | U | U | M | F | E | D | B | U | D | G | C | S | B | O | L | M | N |
| I | P | I | W | E | X | D | N | Y | P | O | E | E | Q | A | D | D | F | O |
| B | F | Q | Z | H | O | H | X | P | J | U | Y | D | R | D | K | O | S | N |
| A | P | V | E | E | A | U | F | H | O | L | J | A | G | D | X | Q | J | M |
| L | M | G | J | B | C | N | Q | R | E | S | L | O | W | F | U | H | Q | Z |
| L | A | A | U | N | V | N | C | F | O | R | G | O | P | C | B | P | L | L |
| B | K | Y | G | Y | B | A | W | G | O | U | Z | S | L | A | W | H | D | E |
| E | T | I | N | D | G | G | L | T | X | E | X | J | S | F | H | Y | M | I |
| S | T | W | O | H | V | N | L | Q | L | B | X | W | P | U | M | E | I | P |
| I | E | A | R | O | Y | L | Z | B | N | U | S | H | J | W | Y | J | N | S |
| T | W | D | C | H | A | M | P | I | O | N | S | L | E | A | G | U | E | D |
| Z | W | Y | J | B | W | W | O | H | Y | G | D | J | Z | M | K | E | O | N |
| D | V | D | F | J | A | K | G | O | U | S | B | V | A | E | Q | Y | O | A |
| T | S | P | H | O | V | S | C | X | Z | P | Q | W | I | D | W | X | A | H |
| Z | O | R | N | D | Y | F | R | C | E | L | I | G | H | N | P | J | H | I |
| K | S | O | G | R | Z | Z | H | N | L | A | E | U | P | F | D | G | U | W |
| J | E | M | A | D | I | R | P | D | T | T | T | O | X | Y | B | E | F | R |
| E | M | O | G | F | A | E | C | S | A | Z | D | Q | X | Z | T | M | B | N |
| V | H | S | A | R | B | H | P | R | I | A | Y | S | K | T | I | Q | A | P |
| Q | U | V | U | R | Q | C | T | I | Z | X | R | P | A | O | G | I | O | N |
| C | V | Q | F | G | H | S | M | Y | I | P | N | L | U | M | A | W | T | Q |

STRATEGIE
HANDSPIEL
UEBUNGSPLATZ
KOPFBALLTOR
AUFHOLJAGD
BALLBESITZ
LATTE
SEITENAUS
WETTKAMPFPAUSE
CHAMPIONSLEAGUE

# Lösung

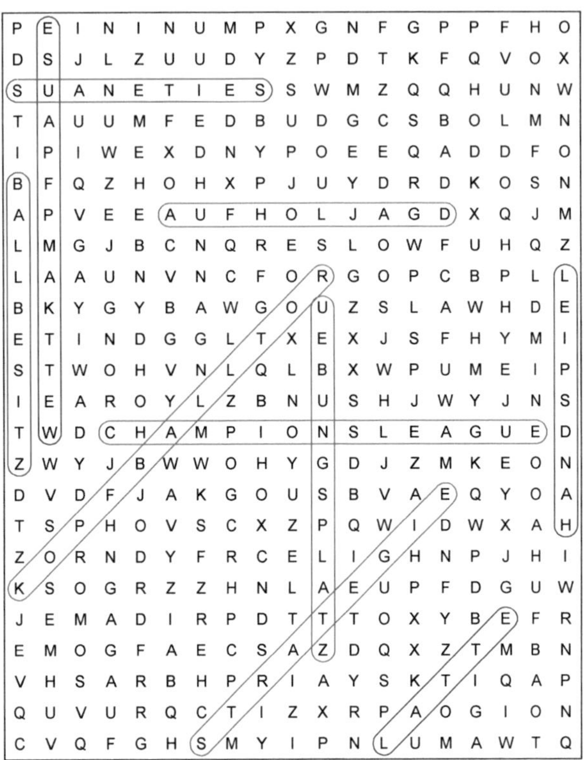

DAS

# HANDBALL

## WORTSUCHRÄTSEL BUCH

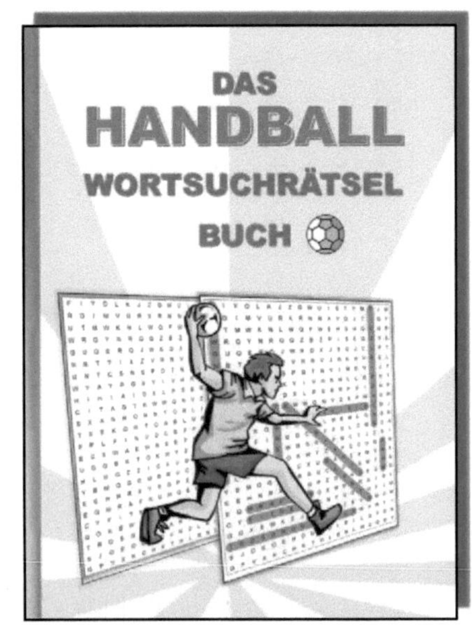

| | | | | | | | | | | | | | | | | | | |
|---|---|---|---|---|---|---|---|---|---|---|---|---|---|---|---|---|---|---|
| F | I | Y | O | L | K | J | Z | G | W | U | I | S | T | Y | M | T | J | M |
| R | D | I | M | V | U | R | X | R | N | N | A | V | O | J | T | I | G | Y |
| U | T | M | W | K | N | L | W | Q | F | W | E | H | S | H | Q | E | H | P |
| W | R | Q | Y | N | R | Q | Q | Z | B | Z | P | I | S | E | Q | Z | V | E |
| G | U | Q | E | R | Q | J | W | K | D | X | J | S | G | J | C | L | P | T |
| N | B | T | T | I | X | Z | V | R | R | V | J | R | K | A | V | E | E | L |
| U | N | T | C | S | N | S | P | D | T | N | Y | I | M | S | V | I | J | F |
| W | Y | A | Y | P | G | X | Y | I | V | H | R | H | L | L | D | P | V | T |
| H | I | H | I | A | I | D | X | L | P | S | B | R | P | V | I | S | H | P |
| C | I | T | A | G | T | K | W | W | Q | N | V | Z | X | P | W | H | S | W |
| S | X | A | N | H | O | H | N | T | O | R | L | I | N | I | E | C | O | J |
| T | X | E | K | O | R | T | O | A | B | L | M | B | M | L | G | A | D | K |
| F | P | L | F | I | N | U | D | C | B | F | P | U | L | Z | W | N | Q | A |
| E | C | X | W | A | E | W | R | S | E | F | P | W | C | T | J | Z | S | I |
| U | G | Q | B | K | T | O | K | W | Y | Z | A | P | C | C | U | G | F | N |
| H | L | U | G | Z | Z | I | C | X | U | D | A | R | Z | X | W | Y | R | K |
| Y | B | M | Q | G | C | M | R | R | U | C | E | D | T | A | M | F | U | G |
| E | E | H | N | R | X | Y | S | G | P | E | D | H | A | S | E | G | W | D |
| E | Q | M | R | A | F | R | U | W | G | E | M | D | N | R | A | I | R | Y |
| C | Y | F | I | T | N | E | S | S | C | N | F | U | O | E | U | F | J | W |
| G | O | X | E | W | X | Z | J | I | B | N | J | Z | B | U | N | M | O | W |
| T | R | O | S | G | N | U | G | A | R | T | S | U | A | W | X | W | T | J |
| S | J | O | E | O | E | H | D | U | K | D | L | R | I | L | Q | Y | S | N |
| G | F | V | X | K | C | H | K | T | H | L | R | N | L | W | C | O | N | V |

1

AUSTRAGUNGSORT
FITNESS
NACHSPIELZEIT
WURF
STRAFBANK

WURFARM
TORNETZ
TORLINIE
HUEFTSCHWUNGWURF
DEHNEN

# Lösung

| | | | | | | | | | | | | | | | | | | |
|---|---|---|---|---|---|---|---|---|---|---|---|---|---|---|---|---|---|---|
| F | I | Y | O | L | K | J | Z | G | W | U | I | S | T | Y | M | T | J | M |
| R | D | I | M | V | U | R | X | R | N | N | A | V | O | J | T | I | G | Y |
| U | T | M | W | K | N | L | W | Q | F | W | E | H | S | H | Q | E | H | P |
| W | R | Q | Y | N | R | Q | Q | Z | B | Z | P | I | S | E | Q | Z | V | E |
| G | U | Q | E | R | Q | J | W | K | D | X | J | S | G | J | C | L | P | T |
| N | B | T | T | I | X | Z | V | R | R | V | J | R | K | A | V | E | E | L |
| U | N | T | C | S | N | S | P | D | T | N | Y | I | M | S | V | I | J | F |
| W | Y | A | Y | P | G | X | Y | I | V | H | R | H | L | L | D | P | V | T |
| H | I | H | I | A | I | D | X | L | P | S | B | R | P | V | I | S | H | P |
| C | I | T | A | G | T | K | W | W | Q | N | V | Z | X | P | W | H | S | W |
| S | X | A | N | H | O | H | N | T | O | R | L | I | N | I | E | C | O | J |
| T | X | E | K | O | R | T | O | A | B | L | M | B | M | L | G | A | D | K |
| F | P | L | F | I | N | U | D | C | B | F | P | U | L | Z | W | N | Q | A |
| E | C | X | W | A | E | W | R | S | E | F | P | W | C | T | J | Z | S | I |
| U | G | Q | B | K | T | O | K | W | Y | Z | A | P | C | C | U | G | F | N |
| H | L | U | G | Z | Z | I | C | X | U | D | A | R | Z | X | W | Y | R | K |
| Y | B | M | Q | G | C | M | R | R | U | C | E | D | T | A | M | F | U | G |
| E | E | H | N | R | X | Y | S | G | P | E | D | H | A | S | E | G | W | D |
| E | Q | M | R | A | F | R | U | W | G | E | M | D | N | R | A | I | R | Y |
| C | Y | F | I | T | N | E | S | S | C | N | F | U | O | E | U | F | J | W |
| G | O | X | E | W | X | Z | J | I | B | N | J | Z | B | U | N | M | O | W |
| T | R | O | S | G | N | U | G | A | R | T | S | U | A | W | X | W | T | J |
| S | J | O | E | O | E | H | D | U | K | D | L | R | I | L | Q | Y | S | N |
| G | F | V | X | K | C | H | K | T | H | L | R | N | L | W | C | O | N | V |

| | | | | | | | | | | | | | | | | | | |
|---|---|---|---|---|---|---|---|---|---|---|---|---|---|---|---|---|---|---|
| M | E | M | U | I | Z | F | Q | J | V | F | N | A | F | D | J | N | F | B |
| B | C | G | U | A | N | R | Z | L | N | I | I | T | X | Q | U | P | A | W |
| P | J | T | B | N | N | B | J | X | Y | S | Z | Y | Z | Y | F | L | X | J |
| J | T | C | C | B | H | P | Y | K | V | K | L | D | T | I | L | A | Q | S |
| O | B | B | H | P | N | Q | S | S | Z | F | E | L | X | W | U | Y | F | N |
| L | O | G | O | K | S | O | M | C | S | T | G | I | R | H | L | D | W | Y |
| N | R | A | K | U | H | L | W | H | A | P | E | V | F | B | Q | J | R | O |
| S | P | S | W | D | D | A | H | I | F | D | R | U | R | Y | J | I | Y | D |
| P | M | T | X | A | U | V | A | E | R | V | L | D | D | C | I | N | J | R |
| P | T | M | B | F | U | B | W | D | U | M | E | W | P | V | B | S | G | V |
| W | G | A | K | F | U | F | K | S | W | U | I | C | M | M | P | E | X | T |
| S | F | N | G | O | N | W | H | R | K | J | P | D | A | T | I | Y | W | V |
| V | P | N | Q | K | O | Y | E | I | C | I | S | U | S | S | H | U | S | S |
| C | R | S | F | V | U | U | F | C | I | S | Y | U | T | Y | Z | L | Y | P |
| C | V | C | D | P | Q | F | P | H | N | G | C | B | P | Y | K | W | B | I |
| N | H | H | U | T | U | F | W | T | K | K | H | I | D | L | S | Q | T | E |
| Z | N | A | H | Z | V | A | H | E | L | R | G | R | N | Z | T | G | M | L |
| D | G | F | U | D | T | D | T | R | L | Q | G | J | V | E | L | M | V | M |
| I | O | T | C | U | F | F | O | A | A | K | A | K | B | M | F | P | I | A |
| Z | A | J | H | Z | Y | B | T | S | F | I | Q | L | D | V | K | E | Y | C |
| T | H | I | Y | M | I | T | X | B | H | R | E | G | E | L | N | K | Y | H |
| D | P | D | J | V | H | T | R | F | R | U | W | T | F | E | U | H | Y | E |
| K | Y | M | R | L | E | C | L | U | V | Y | E | K | C | O | T | Q | F | R |
| S | C | H | N | E | L | L | K | R | A | F | T | G | T | M | U | L | B | Q |

BALL
SPIELREGEL
SPIELMACHER
SIEG
REGELN

SCHIEDSRICHTER
GASTMANNSCHAFT
HUEFTWURF
FALLKNICKWURF
SCHNELLKRAFT

# Lösung

| | | | | | | | | | | | | | | | | | | |
|---|---|---|---|---|---|---|---|---|---|---|---|---|---|---|---|---|---|---|
| M | E | M | U | I | Z | F | Q | J | V | F | N | A | F | D | J | N | F | B |
| B | C | G | U | A | N | R | Z | L | N | I | I | T | X | Q | U | P | A | W |
| P | J | T | B | N | N | B | J | X | Y | S | Z | Y | Z | Y | F | L | X | J |
| J | T | C | C | B | H | P | Y | K | V | K | L | D | T | I | L | A | Q | S |
| O | B | B | H | P | N | Q | S | S | Z | F | E | L | X | W | U | Y | F | N |
| L | O | G | O | K | S | O | M | C | S | T | G | I | R | H | L | D | W | Y |
| N | R | A | K | U | H | L | W | H | A | P | E | V | F | B | Q | J | R | O |
| S | P | S | W | D | D | A | H | I | F | D | R | U | R | Y | J | I | Y | D |
| P | M | T | X | A | U | V | A | E | R | V | L | D | D | C | I | N | J | R |
| P | T | M | B | F | U | B | W | D | U | M | E | W | P | V | B | S | G | V |
| W | G | A | K | F | U | F | K | S | W | U | I | C | M | M | P | E | X | T |
| S | F | N | G | O | N | W | H | R | K | J | P | D | A | T | I | Y | W | V |
| V | P | N | Q | K | O | Y | E | I | C | I | S | U | S | S | H | U | S | S |
| C | R | S | F | V | U | U | F | C | I | S | Y | U | T | Y | Z | L | Y | P |
| C | V | C | D | P | Q | F | P | H | N | G | C | B | P | Y | K | W | B | I |
| N | H | H | U | T | U | F | W | T | K | K | H | I | D | L | S | Q | T | E |
| Z | N | A | H | Z | V | A | H | E | L | R | G | R | N | Z | T | G | M | L |
| D | G | F | U | D | T | D | T | R | L | Q | G | J | V | E | L | M | V | M |
| I | O | T | C | U | F | F | O | A | A | K | A | K | B | M | F | P | I | A |
| Z | A | J | H | Z | Y | B | T | S | F | I | Q | L | D | V | K | E | Y | C |
| T | H | I | Y | M | I | T | X | B | H | R | E | G | E | L | N | K | Y | H |
| D | P | D | J | V | H | T | R | F | R | U | W | T | F | E | U | H | Y | E |
| K | Y | M | R | L | E | C | L | U | V | Y | E | K | C | O | T | Q | F | R |
| S | C | H | N | E | L | L | K | R | A | F | T | G | T | M | U | L | B | Q |

| | | | | | | | | | | | | | | | | | | |
|---|---|---|---|---|---|---|---|---|---|---|---|---|---|---|---|---|---|---|
| P | M | S | T | R | A | T | E | G | I | E | J | V | I | V | A | R | P | T |
| U | N | G | X | U | E | S | L | O | X | G | U | N | N | T | D | A | B | J |
| N | P | O | N | X | W | C | J | B | A | P | B | U | H | V | N | G | Q | Q |
| K | X | T | B | I | D | F | V | O | R | L | E | N | Y | E | N | D | R | P |
| T | H | I | Y | T | N | N | I | T | B | X | L | P | M | W | M | X | D | R |
| E | N | U | B | F | P | I | P | K | B | T | C | B | X | Y | R | F | M | I |
| S | E | J | T | V | R | P | A | Y | C | J | T | B | Z | X | M | C | V | Y |
| T | J | N | F | V | O | Q | T | R | X | U | L | I | Z | W | S | O | M | G |
| A | C | H | A | H | B | W | O | P | T | E | S | P | R | P | T | C | L | W |
| N | L | Q | H | R | V | S | R | H | S | S | C | W | I | T | N | Z | F | N |
| D | S | S | C | P | A | N | W | A | R | O | S | E | B | O | N | K | Y | C |
| R | D | I | S | J | V | Q | U | H | Y | B | L | E | Y | D | U | I | Q | C |
| G | O | A | N | X | W | I | R | F | J | B | W | Z | N | E | Q | S | E | R |
| N | T | J | N | I | P | A | F | X | E | F | S | N | A | T | O | G | W | E |
| B | R | B | A | Y | V | T | L | G | J | O | P | U | R | X | I | S | Y | P |
| E | Z | S | M | M | Y | L | I | P | O | V | F | W | J | D | C | F | V | J |
| J | P | Y | W | P | D | N | X | S | O | S | Z | M | P | X | Q | W | M | H |
| H | H | N | H | D | N | D | M | R | T | P | W | F | K | N | D | P | L | D |
| V | F | K | Z | U | D | H | V | I | P | J | S | A | F | G | K | J | H | G |
| J | E | B | C | L | Y | W | E | S | J | R | S | B | W | L | C | K | Q | W |
| X | U | V | A | B | F | G | G | G | F | Z | E | D | W | N | J | Y | R | U |
| K | R | Y | J | B | Y | X | E | F | I | R | U | E | P | I | N | U | Y | K |
| E | C | R | E | L | E | I | P | S | N | E | S | H | C | A | X | I | R | Q |
| Q | V | F | F | Y | C | B | I | L | T | Z | E | L | Q | U | C | J | Q | H |

TORWURF
FITNESSTRAINING
PUNKTESTAND
AUFSTIEG
ACHSENSPIELER
STRATEGIE
SPIELBEGINN
MANNSCHAFT
JUBEL
EINTRITT

# Lösung

| P | M | S | T | R | A | T | E | G | I | E | J | V | I | V | A | R | P | T |
|---|---|---|---|---|---|---|---|---|---|---|---|---|---|---|---|---|---|---|
| U | N | G | X | U | E | S | L | O | X | G | U | N | N | T | D | A | B | J |
| N | P | O | N | X | W | C | J | B | A | P | B | U | H | V | N | G | Q | Q |
| K | X | T | B | I | D | F | V | O | R | L | E | N | Y | E | N | D | R | P |
| T | H | I | Y | T | N | N | I | T | B | X | L | P | M | W | M | X | D | R |
| E | N | U | B | F | P | I | P | K | B | T | C | B | X | Y | R | F | M | I |
| S | E | J | T | V | R | P | A | Y | C | J | T | B | Z | X | M | C | V | Y |
| T | J | N | F | V | O | Q | T | R | X | U | L | I | Z | W | S | O | M | G |
| A | C | H | A | H | B | W | O | P | T | E | S | P | R | P | T | C | L | W |
| N | L | Q | H | R | V | S | R | H | S | S | C | W | I | T | N | Z | F | N |
| D | S | S | C | P | A | N | W | A | R | O | S | E | B | O | N | K | Y | C |
| R | D | I | S | J | V | Q | U | H | Y | B | L | E | Y | D | U | I | Q | C |
| G | O | A | N | X | W | I | R | F | J | B | W | Z | N | E | Q | S | E | R |
| N | T | J | N | I | P | A | F | X | E | F | S | N | A | T | O | G | W | E |
| B | R | B | A | Y | V | T | L | G | J | O | P | U | R | X | I | S | Y | P |
| E | Z | S | M | M | Y | L | I | P | O | V | F | W | J | D | C | F | V | J |
| J | P | Y | W | P | D | N | X | S | O | S | Z | M | P | X | Q | W | M | H |
| H | H | N | H | D | N | D | M | R | T | P | W | F | K | N | D | P | L | D |
| V | F | K | Z | U | D | H | V | I | P | J | S | A | F | G | K | J | H | G |
| J | E | B | C | L | Y | W | E | S | J | R | S | B | W | L | C | K | Q | W |
| X | U | V | A | B | F | G | G | G | F | Z | E | D | W | N | J | Y | R | U |
| K | R | Y | J | B | Y | X | E | F | I | R | U | E | P | I | N | U | Y | K |
| E | C | R | E | L | E | I | P | S | N | E | S | H | C | A | X | I | R | Q |
| Q | V | F | F | Y | C | B | I | L | T | Z | E | L | Q | U | C | J | Q | H |

| D | V | N | T | G | U | P | D | E | Z | S | T | Z | E | X | A | G | S | K |
|---|---|---|---|---|---|---|---|---|---|---|---|---|---|---|---|---|---|---|
| K | Y | Z | F | F | I | Q | O | A | G | S | P | J | R | O | S | K | P | G |
| O | E | K | T | U | Q | V | H | D | E | F | X | K | W | X | I | A | F | P |
| F | C | A | W | A | E | D | A | N | W | E | N | O | T | A | E | T | G | X |
| V | K | P | T | L | U | O | N | F | I | P | H | M | K | R | G | Z | J | C |
| W | T | I | Q | R | W | D | D | L | N | I | F | Z | F | D | E | X | R | Q |
| E | Q | T | G | E | I | Q | S | M | N | M | W | R | E | L | R | Y | U | A |
| V | W | A | N | V | Y | D | R | W | E | M | A | S | S | R | E | L | E | H |
| V | R | E | T | L | N | Q | X | D | R | U | A | C | X | Y | H | S | C | N |
| R | V | N | N | E | B | S | Q | F | M | C | G | X | R | Q | R | V | K | D |
| F | W | D | W | I | Q | D | A | A | D | P | D | I | I | A | U | O | R | B |
| H | K | D | O | P | Q | D | B | G | Y | S | V | B | W | K | N | D | A | S |
| Q | E | U | E | S | Q | D | C | E | H | E | W | T | X | O | G | Z | U | J |
| N | K | W | O | A | E | G | S | R | Y | N | N | U | L | M | C | V | M | Q |
| L | A | J | E | C | G | M | V | O | K | Y | N | J | H | Q | D | T | S | M |
| Q | H | K | K | T | S | U | L | R | E | V | L | L | A | B | Y | Q | P | L |
| A | S | U | U | B | A | A | T | I | Y | Z | S | P | H | I | Q | R | I | T |
| D | N | L | J | N | L | S | V | U | S | K | K | E | A | T | W | G | E | D |
| G | O | I | Z | R | S | I | E | W | R | E | V | Z | T | A | L | P | L | R |
| I | R | M | V | T | E | C | H | N | I | K | I | N | Q | P | R | D | E | L |
| A | O | W | W | U | J | Y | Z | T | F | T | J | K | J | L | C | W | R | U |
| F | V | F | O | J | S | S | W | V | H | S | R | X | H | P | D | Q | L | Y |
| F | I | A | Y | J | Y | A | V | D | N | U | S | M | K | B | F | I | N | D |
| O | F | Z | Y | B | O | P | C | U | U | U | P | L | V | L | E | T | M | A |

SHAKE HANDS
PLATZVERWEIS
RAUMABDECKUNG
GEWINNER
SPIELVERLAUF

SIEGEREHRUNG
KAPITAEN
TECHNIK
BALLVERLUST
RUECKRAUMSPIELER

# Lösung

| | | | | | | | | | | | | | | | | | | |
|---|---|---|---|---|---|---|---|---|---|---|---|---|---|---|---|---|---|---|
| D | V | N | T | G | U | P | D | E | Z | S | T | Z | E | X | A | G | S | K |
| K | Y | Z | F | F | I | Q | O | A | G | S | P | J | R | O | S | K | P | G |
| O | E | K | T | U | Q | V | H | D | E | F | X | K | W | X | I | A | F | P |
| F | C | A | W | A | E | D | A | N | W | E | N | O | T | A | E | T | G | X |
| V | K | P | T | L | U | O | N | F | I | P | H | M | K | R | G | Z | J | C |
| W | T | I | Q | R | W | D | D | L | N | I | F | Z | F | D | E | X | R | Q |
| E | Q | T | G | E | I | Q | S | M | N | M | W | R | E | L | R | Y | U | A |
| V | W | A | N | V | Y | D | R | W | E | M | A | S | S | R | E | L | E | H |
| V | R | E | T | L | N | Q | X | D | R | U | A | C | X | Y | H | S | C | N |
| R | V | N | N | E | B | S | Q | F | M | C | G | X | R | Q | R | V | K | D |
| F | W | D | W | I | Q | D | A | A | D | P | D | I | I | A | U | O | R | B |
| H | K | D | O | P | Q | D | B | G | Y | S | V | B | W | K | N | D | A | S |
| Q | E | U | E | S | Q | D | C | E | H | E | W | T | X | O | G | Z | U | J |
| N | K | W | O | A | E | G | S | R | Y | N | N | U | L | M | C | V | M | Q |
| L | A | J | E | C | G | M | V | O | K | Y | N | J | H | Q | D | T | S | M |
| Q | H | K | K | T | S | U | L | R | E | V | L | L | A | B | Y | Q | P | L |
| A | S | U | U | B | A | A | T | I | Y | Z | S | P | H | I | Q | R | I | T |
| D | N | L | J | N | L | S | V | U | S | K | K | E | A | T | W | G | E | D |
| G | O | I | Z | R | S | I | E | W | R | E | V | Z | T | A | L | P | L | R |
| I | R | M | V | T | E | C | H | N | I | K | I | N | Q | P | R | D | E | L |
| A | O | W | W | U | J | Y | Z | T | F | T | J | K | J | L | C | W | R | U |
| F | V | F | O | J | S | S | W | V | H | S | R | X | H | P | D | Q | L | Y |
| F | I | A | Y | J | Y | A | V | D | N | U | S | M | K | B | F | I | N | D |
| O | F | Z | Y | B | O | P | C | U | U | U | P | L | V | L | E | T | M | A |

| | | | | | | | | | | | | | | | | | | |
|---|---|---|---|---|---|---|---|---|---|---|---|---|---|---|---|---|---|---|
| S | B | K | F | V | E | R | E | I | N | S | S | P | I | E | L | E | R | L |
| B | D | N | E | L | V | F | Y | Y | L | R | K | F | M | B | P | G | W | O |
| P | U | E | S | C | K | G | J | B | O | D | E | N | P | A | S | S | Q | W |
| Z | Z | V | S | B | U | I | N | I | C | U | L | W | B | V | F | L | B | Z |
| L | N | E | T | S | O | F | P | Q | J | G | C | Z | F | Q | R | E | H | Q |
| F | M | Y | H | B | L | W | F | R | U | W | I | E | R | F | U | N | I | M |
| B | T | N | D | V | A | L | A | R | A | T | M | Q | R | Z | E | R | A | U |
| T | Z | Q | V | N | C | H | H | V | E | V | E | J | Q | Y | Z | K | V | Y |
| F | M | B | E | V | L | A | Y | Y | A | O | F | F | J | T | E | M | I | H |
| T | I | W | N | R | P | Y | Q | U | Q | S | R | P | V | N | X | Z | U | P |
| E | C | C | U | D | F | F | I | R | G | N | A | F | U | A | L | Y | N | J |
| U | N | N | S | W | D | Y | X | D | S | E | E | P | X | S | S | F | P | T |
| X | P | K | K | M | L | Q | D | W | X | V | Z | F | H | P | Q | E | V | E |
| S | W | R | S | E | I | Z | P | B | P | A | S | V | S | I | M | U | E | P |
| Q | I | E | W | G | G | Y | Q | D | O | Z | U | E | P | E | C | B | W | F |
| H | B | F | T | U | T | T | F | X | A | G | H | R | I | L | R | H | B | C |
| T | U | B | Z | T | C | C | J | Y | H | P | C | L | E | P | O | T | A | Q |
| K | Y | V | Z | F | K | A | K | A | A | E | X | E | L | L | Y | D | O | J |
| S | S | B | Q | K | D | A | P | G | N | M | S | T | P | A | G | C | C | R |
| W | H | N | B | L | P | C | M | W | J | B | X | Z | A | N | A | A | Z | M |
| R | L | Q | F | Y | Q | L | U | P | F | Y | B | U | U | G | D | E | Q | M |
| I | P | Q | B | M | C | M | V | E | F | S | I | N | S | X | C | M | V | G |
| A | C | D | I | T | K | L | Y | Y | L | R | J | G | E | Z | E | I | C | X |
| W | D | N | E | P | P | I | T | F | C | N | K | F | F | R | N | Z | P | W |

5

TIPPEN
FREIWURF
VEREINSSPIELER
SPIELPAUSE
SPIELPLAN

LAUFANGRIFF
VERLETZUNG
PFOSTEN
WETTKAMPF
BODENPASS

# Lösung

| | | | | | | | | | | | | | | | | | | |
|---|---|---|---|---|---|---|---|---|---|---|---|---|---|---|---|---|---|---|
| S | B | K | F | V | E | R | E | I | N | S | S | P | I | E | L | E | R | L |
| B | D | N | E | L | V | F | Y | Y | L | R | K | F | M | B | P | G | W | O |
| P | U | E | S | C | K | G | J | B | O | D | E | N | P | A | S | S | Q | W |
| Z | Z | V | S | B | U | I | N | I | C | U | L | W | B | V | F | L | B | Z |
| L | N | E | T | S | O | F | P | Q | J | G | C | Z | F | Q | R | E | H | Q |
| F | M | Y | H | B | L | W | F | R | U | W | I | E | R | F | U | N | I | M |
| B | T | N | D | V | A | L | A | R | A | T | M | Q | R | Z | E | R | A | U |
| T | Z | Q | V | N | C | H | H | V | E | V | E | J | Q | Y | Z | K | V | Y |
| F | M | B | E | V | L | A | Y | Y | A | O | F | F | J | T | E | M | I | H |
| T | I | W | N | R | P | Y | Q | U | Q | S | R | P | V | N | X | Z | U | P |
| E | C | C | U | D | F | F | I | R | G | N | A | F | U | A | L | Y | N | J |
| U | N | N | S | W | D | Y | X | D | S | E | E | P | X | S | S | F | P | T |
| X | P | K | K | M | L | Q | D | W | X | V | Z | F | H | P | Q | E | V | E |
| S | W | R | S | E | I | Z | P | B | P | A | S | V | S | I | M | U | E | P |
| Q | I | E | W | G | G | Y | Q | D | O | Z | U | E | P | E | C | B | W | F |
| H | B | F | T | U | T | T | F | X | A | G | H | R | I | L | R | H | B | C |
| T | U | B | Z | T | C | C | J | Y | H | P | C | L | E | P | O | T | A | Q |
| K | Y | V | Z | F | K | A | K | A | A | E | X | E | L | L | Y | D | O | J |
| S | S | B | Q | K | D | A | P | G | N | M | S | T | P | A | G | C | C | R |
| W | H | N | B | L | P | C | M | W | J | B | X | Z | A | N | A | A | Z | M |
| R | L | Q | F | Y | Q | L | U | P | F | Y | B | U | U | G | D | E | Q | M |
| I | P | Q | B | M | C | M | V | E | F | S | I | N | S | X | C | M | V | G |
| A | C | D | I | T | K | L | Y | Y | L | R | J | G | E | Z | E | I | C | X |
| W | D | N | E | P | P | I | T | F | C | N | K | F | F | R | N | Z | P | W |

| G | C | Q | D | Q | D | U | A | V | V | Q | U | R | D | X | B | H | M | J |
|---|---|---|---|---|---|---|---|---|---|---|---|---|---|---|---|---|---|---|
| P | E | G | R | C | E | O | H | Y | C | X | Z | U | Y | Z | Y | C | P | V |
| O | I | V | R | Q | T | K | Z | B | N | Z | V | X | I | E | C | I | X | B |
| L | N | H | R | N | I | A | Z | K | J | O | N | L | E | E | I | T | F | F |
| P | I | L | L | M | E | R | F | V | I | F | S | G | P | N | F | U | E | K |
| I | L | Z | K | Y | Z | P | T | F | R | C | A | I | Q | R | M | N | R | R |
| D | F | R | R | Y | B | C | N | T | I | D | B | Y | W | J | G | U | X | H |
| F | R | D | A | E | L | F | B | O | H | R | P | N | Q | B | D | Y | O | X |
| H | U | Z | F | X | A | P | H | J | S | T | G | K | Q | M | R | B | A | M |
| F | W | I | T | S | H | Y | P | L | T | E | A | N | F | L | F | Y | I | Q |
| R | I | O | T | Q | Q | I | C | F | U | G | B | U | A | V | S | U | J | X |
| U | E | M | R | W | D | K | L | F | A | Z | J | S | C | J | G | Z | A | Z |
| W | R | D | A | Q | R | I | D | M | Z | E | F | K | Z | N | A | T | R | A |
| F | F | P | I | D | F | V | C | G | A | A | A | R | I | D | W | E | D | R |
| A | A | H | N | N | B | X | R | M | L | I | G | V | E | X | D | H | V | E |
| R | F | V | I | B | D | E | Z | Z | R | C | D | F | R | S | Y | F | Q | N |
| T | L | D | N | W | V | G | R | X | R | C | T | C | S | M | J | L | R | I |
| S | C | H | G | Q | F | G | A | S | V | X | C | C | M | E | K | U | R | A |
| D | Q | G | P | A | J | L | O | E | W | A | R | X | W | H | F | Y | B | R |
| I | S | L | Q | E | H | E | I | M | M | A | N | N | S | C | H | A | F | T |
| T | K | B | W | J | R | N | U | I | M | C | H | N | F | M | C | Y | R | B |
| Y | S | P | E | R | R | E | F | R | E | I | S | P | E | R | R | E | N | T |
| N | R | D | P | G | B | S | L | Q | W | N | W | K | Z | U | R | M | E | G |
| Y | Y | L | U | O | F | Z | Y | E | I | A | E | D | U | H | B | O | N | U |

ANGRIFF
HALBZEIT
HEIMMANNSCHAFT
TRAINER
SPERRE

FOUL
KRAFTTRAINING
FREISPERREN
STRAFWURF
FREIWURFLINIE

# Lösung

| G | C | Q | D | Q | D | U | A | V | V | Q | U | R | D | X | B | H | M | J |
|---|---|---|---|---|---|---|---|---|---|---|---|---|---|---|---|---|---|---|
| P | E | G | R | C | E | O | H | Y | C | X | Z | U | Y | Z | Y | C | P | V |
| O | I | V | R | Q | T | K | Z | B | N | Z | V | X | I | E | C | I | X | B |
| L | N | H | R | N | I | A | Z | K | J | O | N | L | E | E | I | T | F | F |
| P | I | L | L | M | E | R | F | V | I | F | S | G | P | N | F | U | E | K |
| I | L | Z | K | Y | Z | P | T | F | R | C | A | I | Q | R | M | N | R | R |
| D | F | R | R | Y | B | C | N | T | I | D | B | Y | W | J | G | U | X | H |
| F | R | D | A | E | L | F | B | O | H | R | P | N | Q | B | D | Y | O | X |
| H | U | Z | F | X | A | P | H | J | S | T | G | K | Q | M | R | B | A | M |
| F | W | I | T | S | H | Y | P | L | T | E | A | N | F | L | F | Y | I | Q |
| R | I | O | T | Q | Q | I | C | F | U | G | B | U | A | V | S | U | J | X |
| U | E | M | R | W | D | K | L | F | A | Z | J | S | C | J | G | Z | A | Z |
| W | R | D | A | Q | R | I | D | M | Z | E | F | K | Z | N | A | T | R | A |
| F | F | P | I | D | F | V | C | G | A | A | A | R | I | D | W | E | D | R |
| A | A | H | N | N | B | X | R | M | L | I | G | V | E | X | D | H | V | E |
| R | F | V | I | B | D | E | Z | Z | R | C | D | F | R | S | Y | F | Q | N |
| T | L | D | N | W | V | G | R | X | R | C | T | C | S | M | J | L | R | I |
| S | C | H | G | Q | F | G | A | S | V | X | C | C | M | E | K | U | R | A |
| D | Q | G | P | A | J | L | O | E | W | A | R | X | W | H | F | Y | B | R |
| I | S | L | Q | E | H | E | I | M | M | A | N | N | S | C | H | A | F | T |
| T | K | B | W | J | R | N | U | I | M | C | H | N | F | M | C | Y | R | B |
| Y | S | P | E | R | R | E | F | R | E | I | S | P | E | R | R | E | N | T |
| N | R | D | P | G | B | S | L | Q | W | N | W | K | Z | U | R | M | E | G |
| Y | Y | L | U | O | F | Z | Y | E | I | A | E | D | U | H | B | O | N | U |

| | | | | | | | | | | | | | | | | | | |
|---|---|---|---|---|---|---|---|---|---|---|---|---|---|---|---|---|---|---|
| T | U | X | I | T | F | N | K | V | E | F | A | R | T | S | U | O | X | V |
| I | U | H | S | T | R | I | B | U | E | N | E | B | N | B | R | P | G | U |
| Z | P | C | Y | R | I | A | T | P | U | N | B | B | A | M | E | O | H | R |
| K | X | O | V | A | L | T | F | R | C | P | M | T | R | K | L | S | N | N |
| X | R | S | F | M | A | U | S | S | E | N | S | P | I | E | L | E | R | S |
| K | O | O | R | D | I | N | A | T | I | O | N | Q | L | F | M | A | G | I |
| P | T | B | L | U | A | S | T | Y | T | A | C | V | L | P | D | X | F | E |
| P | U | W | Y | X | R | D | C | G | X | U | E | S | T | V | X | R | V | R |
| H | Q | X | W | W | V | N | E | B | L | E | G | Y | A | K | P | V | Z | K |
| I | C | J | F | U | J | H | D | X | O | I | E | A | W | I | X | U | J | F |
| N | B | I | V | V | T | L | A | N | M | T | A | D | S | Y | Q | Q | E | R |
| L | J | U | D | T | S | G | N | V | W | F | H | D | B | J | X | O | Y | U |
| I | F | W | X | I | Q | N | T | E | U | X | A | P | F | G | M | G | V | W |
| I | V | V | A | W | T | H | R | V | T | A | K | L | T | R | O | A | B | N |
| C | I | A | N | U | L | I | T | B | H | S | B | A | H | Q | S | P | R | A |
| H | P | G | U | F | Z | X | C | Z | M | C | O | E | Z | R | E | X | S | L |
| S | Q | U | S | R | T | M | H | W | A | A | I | F | G | N | G | U | F | K |
| N | G | Z | E | U | C | U | O | V | T | N | M | G | P | G | O | I | Y | C |
| A | H | L | T | W | N | B | U | B | K | J | Z | J | X | R | E | F | Y | Q |
| L | H | E | T | N | R | B | K | K | E | S | E | P | W | B | O | D | H | I |
| W | A | I | K | I | L | A | Z | A | J | I | F | T | Y | E | U | T | V | L |
| S | E | P | O | E | D | A | H | R | J | J | G | G | Q | Z | W | U | L | H |
| Y | L | S | E | E | H | T | Y | T | C | A | A | F | D | H | N | C | Q | M |
| K | B | B | R | Q | B | A | O | E | G | N | K | Q | U | U | N | X | H | T |

AUSSENSPIELER
GELBE KARTE
TRIBUENE
TORPFOSTEN
SPIELZUG

STRAFE
EINWURF
KADER
ANWURFKREIS
KOORDINATION

# Lösung

T U X I T F N K V E F A R T S U O X V
I U H S T R I B U E N E B N B R P G U
Z P C Y R I A T P U N B B A M E O H R
K X O V A L T F R C P M T R K L S N N
X R S F M A U S S E N S P I E L E R S
K O O R D I N A T I O N Q L F M A G I
P T B L U A S T Y T A C V L P D X F E
P U W Y X R D C G X U E S T V X R V R
H Q X W W V N E B L E G Y A K P V Z K
I C J F U J H D X O I E A W I X U J F
N B I V V T L A N M T A D S Y Q Q E R
L J U D T S G N V W F H D B J X O Y U
I F W X I Q N T E U X A P F G M G V W
I V V A W T H R V T A K L T R O A B N
C I A N U L I T B H S B A H Q S P R A
H P G U F Z X C Z M C O E Z R E X S L
S Q U S R T M H W A A I F G N G U F K
N G Z E U C U O V T N M G P G O I Y C
A H L T W N B U B K J Z J X R E F Y Q
L H E T N R B K K E S E P W B O D H I
W A I K I L A Z A J I F T Y E U T V L
S E P O E D A H R J J G G Q Z W U L H
Y L S E E H T Y T C A A F D H N C Q M
K B B R Q B A O E G N K Q U U N X H T

| I | M | W | R | D | B | V | Q | I | O | O | C | H | H | O | Q | V | X | W |
|---|---|---|---|---|---|---|---|---|---|---|---|---|---|---|---|---|---|---|
| M | Q | U | E | H | G | E | V | B | I | Y | R | U | X | P | X | N | U | K |
| E | F | B | L | A | N | D | E | S | M | E | I | S | T | E | R | N | M | S |
| J | P | Q | R | K | L | R | W | Z | Z | T | L | B | A | F | N | Y | E | X |
| B | K | P | E | Q | C | O | V | E | F | L | S | K | U | N | V | K | I | R |
| K | J | A | B | B | R | U | C | H | E | E | N | D | S | P | I | E | L | E |
| D | Y | L | P | Q | Q | D | T | A | L | X | U | W | S | Y | O | M | H | A |
| W | P | A | C | V | Q | B | M | H | I | D | Q | V | E | K | U | L | B | C |
| U | K | K | M | V | I | X | T | Q | S | Z | N | I | N | P | D | D | Z | R |
| N | P | O | J | M | W | L | U | H | T | G | F | F | S | A | N | O | S | H |
| C | C | P | B | B | F | A | T | E | A | V | O | B | P | N | H | N | T | X |
| R | N | G | F | U | N | A | S | G | D | I | W | I | E | G | H | I | D | S |
| V | E | Y | Y | B | F | F | L | U | I | E | N | S | R | R | F | O | B | F |
| W | F | K | L | N | P | D | A | S | O | R | L | N | R | I | P | L | X | E |
| M | Z | L | C | X | G | O | P | P | N | T | X | L | E | F | E | K | Q | S |
| W | Z | U | Z | E | K | J | N | E | N | E | Y | A | H | F | E | B | N | S |
| K | I | R | N | K | D | X | E | Q | A | L | P | W | Z | S | R | T | J | J |
| B | Y | Q | A | L | H | N | P | A | Q | K | M | U | X | S | Q | D | U | K |
| S | I | J | A | I | W | V | N | B | C | R | S | I | L | P | I | W | K | Q |
| B | V | X | N | N | X | J | V | A | D | E | Y | I | R | I | W | K | S | Z |
| B | C | H | F | J | X | W | Q | P | M | I | Q | M | P | E | Y | A | E | E |
| Q | H | D | W | F | P | H | K | S | K | S | N | K | Z | L | W | A | S | R |
| Z | C | K | Y | K | X | W | H | B | E | K | C | E | D | O | C | N | O | T |
| X | V | N | A | A | X | S | A | R | K | C | N | Z | N | P | Y | B | P | O |

LANDESMEISTER

ENDSPIEL

ECKE

POKAL

AUSSENSPERRE

MANNDECKER

ABBRUCH

STADION

VIERTELKREIS

ANGRIFFSSPIEL

# Lösung

| I | M | W | R | D | B | V | Q | I | O | O | C | H | H | O | Q | V | X | W |
|---|---|---|---|---|---|---|---|---|---|---|---|---|---|---|---|---|---|---|
| M | Q | U | E | H | G | E | V | B | I | Y | R | U | X | P | X | N | U | K |
| E | F | B | L | A | N | D | E | S | M | E | I | S | T | E | R | N | M | S |
| J | P | Q | R | K | L | R | W | Z | Z | T | L | B | A | F | N | Y | E | X |
| B | K | P | E | Q | C | O | V | E | F | L | S | K | U | N | V | K | I | R |
| K | J | A | B | B | R | U | C | H | E | E | N | D | S | P | I | E | L | E |
| D | Y | L | P | Q | Q | D | T | A | L | X | U | W | S | Y | O | M | H | A |
| W | P | A | C | V | Q | B | M | H | I | D | Q | V | E | K | U | L | B | C |
| U | K | K | M | V | I | X | T | Q | S | Z | N | I | N | P | D | D | Z | R |
| N | P | O | J | M | W | L | U | H | T | G | F | F | S | A | N | O | S | H |
| C | C | P | B | B | F | A | T | E | A | V | O | B | P | N | H | N | T | X |
| R | N | G | F | U | N | A | S | G | D | I | W | I | E | G | H | I | D | S |
| V | E | Y | Y | B | F | F | L | U | I | E | N | S | R | R | F | O | B | F |
| W | F | K | L | N | P | D | A | S | O | R | L | N | R | I | P | L | X | E |
| M | Z | L | C | X | G | O | P | P | N | T | X | L | E | F | E | K | Q | S |
| W | Z | U | Z | E | K | J | N | E | N | E | Y | A | H | F | E | B | N | S |
| K | I | R | N | K | D | X | E | Q | A | L | P | W | Z | S | R | T | J | J |
| B | Y | Q | A | L | H | N | P | A | Q | K | M | U | X | S | Q | D | U | K |
| S | I | J | A | I | W | V | N | B | C | R | S | I | L | P | I | W | K | Q |
| B | V | X | N | N | X | J | V | A | D | E | Y | I | R | I | W | K | S | Z |
| B | C | H | F | J | X | W | Q | P | M | I | Q | M | P | E | Y | A | E | E |
| Q | H | D | W | F | P | H | K | S | K | S | N | K | Z | L | W | A | S | R |
| Z | C | K | Y | K | X | W | H | B | E | K | C | E | D | O | C | N | O | T |
| X | V | N | A | A | X | S | A | R | K | C | N | Z | N | P | Y | B | P | O |

| M | R | D | S | A | J | A | H | U | T | P | T | C | V | B | X | I | E | C |
|---|---|---|---|---|---|---|---|---|---|---|---|---|---|---|---|---|---|---|
| N | K | Y | A | L | V | A | V | F | F | X | J | Q | E | I | Q | W | V | K |
| O | N | H | A | P | J | K | H | K | K | W | C | F | R | H | X | I | A | D |
| V | M | U | J | D | F | V | P | A | B | U | V | K | U | U | W | M | Z | Z |
| A | V | V | P | W | Q | D | I | Q | P | P | Z | P | I | F | D | E | T | A |
| H | H | D | I | I | V | V | M | U | S | Y | T | T | R | A | W | R | O | T |
| N | P | C | D | N | J | F | O | E | Y | G | A | W | Y | E | Q | W | H | Z |
| M | B | P | Z | Q | J | F | T | H | J | G | L | O | Q | M | Q | W | L | F |
| W | S | Z | J | H | M | X | I | L | U | M | P | H | J | F | C | C | E | R |
| J | T | D | L | G | O | R | V | L | Q | A | A | X | Z | F | O | Z | I | U |
| Q | L | S | H | A | W | I | A | A | G | G | X | E | Z | U | Z | R | D | W |
| R | L | W | W | N | M | H | T | B | C | Y | O | M | G | H | T | G | F | K |
| W | E | V | R | E | W | U | I | D | U | Z | F | L | E | L | I | G | P | C |
| A | K | L | V | R | P | I | O | N | T | B | A | Y | E | C | E | F | L | E |
| M | V | W | E | A | Q | Y | N | A | Q | P | Y | I | J | S | H | X | F | X |
| R | K | L | V | I | O | V | J | H | O | M | P | P | S | Y | D | U | G | A |
| I | G | O | Z | T | P | N | P | Y | Y | S | I | U | W | N | N | X | J | Q |
| A | C | C | R | X | R | S | C | A | B | M | Q | C | Y | C | U | N | R | Y |
| R | O | Y | W | T | R | U | M | A | Z | V | B | N | J | H | S | W | A | A |
| K | S | C | B | W | T | L | G | A | F | I | B | Q | F | H | E | N | B | H |
| I | P | D | K | L | T | B | Y | B | E | F | L | K | E | K | G | V | U | U |
| S | W | R | V | U | E | B | U | N | G | T | F | Y | G | I | W | A | D | F |
| N | M | J | V | P | I | H | U | I | N | O | R | U | E | O | O | H | O | R |
| S | R | O | B | N | F | B | A | L | D | P | L | P | J | L | D | S | N | P |

HANDBALL
ARENA
UEBUNG
TORWART
PLATZ
TEAMSPIELER
MOTIVATION
ECKWURF
ABSPIEL
GESUNDHEIT

# Lösung

| M | R | D | S | A | J | A | H | U | T | P | T | C | V | B | X | I | E | C |
|---|---|---|---|---|---|---|---|---|---|---|---|---|---|---|---|---|---|---|
| N | K | Y | A | L | V | A | V | F | F | X | J | Q | E | I | Q | W | V | K |
| O | N | H | A | P | J | K | H | K | K | W | C | F | R | H | X | I | A | D |
| V | M | U | J | D | F | V | P | A | B | U | V | K | U | U | W | M | Z | Z |
| A | V | V | P | W | Q | D | I | Q | P | P | Z | P | I | F | D | E | T | A |
| H | H | D | I | I | V | V | M | U | S | Y | T | T | R | A | W | R | O | T |
| N | P | C | D | N | J | F | O | E | Y | G | A | W | Y | E | Q | W | H | Z |
| M | B | P | Z | Q | J | F | T | H | J | G | L | O | Q | M | Q | W | L | F |
| W | S | Z | J | H | M | X | I | L | U | M | P | H | J | F | C | C | E | R |
| J | T | D | L | G | O | R | V | L | Q | A | A | X | Z | F | O | Z | I | U |
| Q | L | S | H | A | W | I | A | A | G | G | X | E | Z | U | Z | R | D | W |
| R | L | W | W | N | M | H | T | B | C | Y | O | M | G | H | T | G | F | K |
| W | E | V | R | E | W | U | I | D | U | Z | F | L | E | L | I | G | P | C |
| A | K | L | V | R | P | I | O | N | T | B | A | Y | E | C | E | F | L | E |
| M | V | W | E | A | Q | Y | N | A | Q | P | Y | I | J | S | H | X | F | X |
| R | K | L | V | I | O | V | J | H | O | M | P | P | S | Y | D | U | G | A |
| I | G | O | Z | T | P | N | P | Y | Y | S | I | U | W | N | N | X | J | Q |
| A | C | C | R | X | R | S | C | A | B | M | Q | C | Y | C | U | N | R | Y |
| R | O | Y | W | T | R | U | M | A | Z | V | B | N | J | H | S | W | A | A |
| K | S | C | B | W | T | L | G | A | F | I | B | Q | F | H | E | N | B | H |
| I | P | D | K | L | T | B | Y | B | E | F | L | K | E | K | G | V | U | U |
| S | W | R | V | U | E | B | U | N | G | T | F | Y | G | I | W | A | D | F |
| N | M | J | V | P | I | H | U | I | N | O | R | U | E | O | O | H | O | R |
| S | R | O | B | N | F | B | A | L | D | P | L | P | J | L | D | S | N | P |

O N C U M L O E Y Q F M S D X F X V K
T O P S P I E L S A W D P U Q B O O W
G D G Z K A E N S R E P A F A I R X V
Z O L T B U E R R U P D G O X L E Y O
U V Q O Q E Y F P R A A W D I P P L A
M S B L U B P E K T T N N D B S C P Q
G O D C S E R W Z U O G E W P R Z G A
A B W E H R M N C T R Z F T U Y T N Q
T Z M W E L E W X R R H M N I R G W R
P C M V O A I L Q E A R W L J E F T H
U N B B L U S L J O U F Z W R H S E Q
C G Q V J F T L L B M T K M X H N J F
W F J M J A E T B M N Q R D K L K Q V
J V F Z H N R X X R Z L J R F N A L C
T D O X C G S E I N I L N E T I E S V
X M S N B R C E N T S C H E I D U N G
E B W N O I H H V Y D C F Q G V N F O
H U M A Q F A B H P V U H X E I I L F
I L K E L F F F A B Q J X H F I X P K
J T M B P Y T U T V G E Y F Y V I H Z
F N F C H H S X A C Z R A Z Z Q C P Q
E A O R Q Y G I T F I E N G B T Z K C
Y Q N Z H Q H K U I A B Z R C R Z V Z
C E E R M Q U R A M D Z M X C O N B S

MEISTERSCHAFT
ABWEHR
APPLAUS
ENTSCHEIDUNG
TORRAUM

UEBERLAUFANGRIFF
SEITENAUS
TOPSPIEL
SEITENLINIE
ANWURF

# Lösung

| | | | | | | | | | | | | | | | | | | |
|---|---|---|---|---|---|---|---|---|---|---|---|---|---|---|---|---|---|---|
| O | N | C | U | M | L | O | E | Y | Q | F | M | S | D | X | F | X | V | K |
| T | O | P | S | P | I | E | L | S | A | W | D | P | U | Q | B | O | O | W |
| G | D | G | Z | K | A | E | N | S | R | E | P | A | F | A | I | R | X | V |
| Z | O | L | T | B | U | E | R | R | U | P | D | G | O | X | L | E | Y | O |
| U | V | Q | O | Q | E | Y | F | P | R | A | A | W | D | I | P | P | L | A |
| M | S | B | L | U | B | P | E | K | T | T | N | N | D | B | S | C | P | Q |
| G | O | D | C | S | E | R | W | Z | U | O | G | E | W | P | R | Z | G | A |
| A | B | W | E | H | R | M | N | C | T | R | Z | F | T | U | Y | T | N | Q |
| T | Z | M | W | E | L | E | W | X | R | R | H | M | N | I | R | G | W | R |
| P | C | M | V | O | A | I | L | Q | E | A | R | W | L | J | E | F | T | H |
| U | N | B | B | L | U | S | L | J | O | U | F | Z | W | R | H | S | E | Q |
| C | G | Q | V | J | F | T | L | L | B | M | T | K | M | X | H | N | J | F |
| W | F | J | M | J | A | E | T | B | M | N | Q | R | D | K | L | K | Q | V |
| J | V | F | Z | H | N | R | X | X | R | Z | L | J | R | F | N | A | L | C |
| T | D | O | X | C | G | S | E | I | N | I | L | N | E | T | I | E | S | V |
| X | M | S | N | B | R | C | E | N | T | S | C | H | E | I | D | U | N | G |
| E | B | W | N | O | I | H | H | V | Y | D | C | F | Q | G | V | N | F | O |
| H | U | M | A | Q | F | A | B | H | P | V | U | H | X | E | I | I | L | F |
| I | L | K | E | L | F | F | F | A | B | Q | J | X | H | F | I | X | P | K |
| J | T | M | B | P | Y | T | U | T | V | G | E | Y | F | Y | V | I | H | Z |
| F | N | F | C | H | H | S | X | A | C | Z | R | A | Z | Z | Q | C | P | Q |
| E | A | O | R | Q | Y | G | I | T | F | I | E | N | G | B | T | Z | K | C |
| Y | Q | N | Z | H | Q | H | K | U | I | A | B | Z | R | C | R | Z | V | Z |
| C | E | E | R | M | Q | U | R | A | M | D | Z | M | X | C | O | N | B | S |

| L | J | D | H | L | P | X | V | J | G | T | A | O | X | M | I | A | I | Q |
|---|---|---|---|---|---|---|---|---|---|---|---|---|---|---|---|---|---|---|
| X | R | E | L | E | I | P | S | L | N | F | M | W | F | W | P | Y | B | P |
| W | R | V | K | P | Z | Y | S | E | U | P | T | Z | J | N | C | V | F | D |
| H | E | H | U | P | X | A | U | I | R | Y | U | O | I | R | U | A | P | R |
| S | L | R | B | V | U | O | P | P | E | R | O | C | H | R | T | H | G | P |
| S | E | L | J | Q | O | Z | Q | S | G | E | X | H | D | X | H | D | W | Y |
| O | I | Q | W | Q | Q | G | Z | S | N | L | I | D | O | O | M | T | T | J |
| T | P | X | X | Z | S | O | K | T | E | E | V | L | R | P | N | B | S | O |
| S | S | S | O | U | I | D | A | F | A | I | O | K | W | U | C | G | Q | V |
| R | R | N | E | U | R | T | G | A | L | P | S | O | F | K | H | W | V | R |
| E | E | D | T | Z | J | L | I | H | R | S | M | F | K | T | G | R | W | K |
| V | T | K | A | Y | E | T | L | C | E | L | O | B | Q | B | J | K | H | B |
| L | N | R | A | I | H | G | S | S | V | E | O | X | X | G | F | N | T | I |
| E | O | S | P | P | O | Z | E | D | F | S | G | V | P | B | M | I | X | M |
| G | K | S | V | Q | H | K | D | N | Z | H | G | L | H | E | C | E | O | K |
| E | H | S | I | G | L | G | N | U | E | C | D | F | Q | J | L | Z | L | B |
| R | K | V | K | W | B | M | U | E | I | E | A | S | P | S | R | Z | G | N |
| T | B | F | Z | B | A | E | B | R | T | W | P | C | G | N | G | H | D | J |
| N | U | B | L | K | L | O | G | F | S | S | M | V | B | N | L | Q | W | A |
| H | E | F | P | S | L | E | U | Y | T | U | R | S | Y | W | C | Y | Q | Y |
| T | K | N | J | K | A | Y | F | Q | R | A | M | T | B | T | B | A | Z | B |
| Q | Y | R | G | G | S | L | E | I | A | A | E | O | I | G | D | G | P | X |
| M | W | X | X | K | R | Y | N | O | F | K | H | I | B | W | T | I | J | S |
| H | D | Z | D | I | F | E | N | K | E | J | C | V | O | B | I | V | V | Y |

BUNDESLIGA
VERLAENGERUNG
HOHLBALL
REGELVERSTOSS
KONTERSPIELER

KO SPIEL
AUSWECHSELSPIELER
SPIELER
ZEITSTRAFE
FREUNDSCHAFTSSPIEL

# Lösung

| L | J | D | H | L | P | X | V | J | G | T | A | O | X | M | I | A | I | Q |
|---|---|---|---|---|---|---|---|---|---|---|---|---|---|---|---|---|---|---|
| X | R | E | L | E | I | P | S | L | N | F | M | W | F | W | P | Y | B | P |
| W | R | V | K | P | Z | Y | S | E | U | P | T | Z | J | N | C | V | F | D |
| H | E | H | U | P | X | A | U | I | R | Y | U | O | I | R | U | A | P | R |
| S | L | R | B | V | U | O | P | P | E | R | O | C | H | R | T | H | G | P |
| S | E | L | J | Q | O | Z | Q | S | G | E | X | H | D | X | H | D | W | Y |
| O | I | Q | W | Q | Q | G | Z | S | N | L | I | D | O | O | M | T | T | J |
| T | P | X | X | Z | S | O | K | T | E | E | V | L | R | P | N | B | S | O |
| S | S | S | O | U | I | D | A | F | A | I | O | K | W | U | C | G | Q | V |
| R | R | N | E | U | R | T | G | A | L | P | S | O | F | K | H | W | V | R |
| E | E | D | T | Z | J | L | I | H | R | S | M | F | K | T | G | R | W | K |
| V | T | K | A | Y | E | T | L | C | E | L | O | B | Q | B | J | K | H | B |
| L | N | R | A | I | H | G | S | S | V | E | O | X | X | G | F | N | T | I |
| E | O | S | P | P | O | Z | E | D | F | S | G | V | P | B | M | I | X | M |
| G | K | S | V | Q | H | K | D | N | Z | H | G | L | H | E | C | E | O | K |
| E | H | S | I | G | L | G | N | U | E | C | D | F | Q | J | L | Z | L | B |
| R | K | V | K | W | B | M | U | E | I | E | A | S | P | S | R | Z | G | N |
| T | B | F | Z | B | A | E | B | R | T | W | P | C | G | N | G | H | D | J |
| N | U | B | L | K | L | O | G | F | S | S | M | V | B | N | L | Q | W | A |
| H | E | F | P | S | L | E | U | Y | T | U | R | S | Y | W | C | Y | Q | Y |
| T | K | N | J | K | A | Y | F | Q | R | A | M | T | B | T | B | A | Z | B |
| Q | Y | R | G | G | S | L | E | I | A | A | E | O | I | G | D | G | P | X |
| M | W | X | X | K | R | Y | N | O | F | K | H | I | B | W | T | I | J | S |
| H | D | Z | D | I | F | E | N | K | E | J | C | V | O | B | I | V | V | Y |

| | | | | | | | | | | | | | | | | | | |
|---|---|---|---|---|---|---|---|---|---|---|---|---|---|---|---|---|---|---|
| G | E | P | V | Y | F | K | N | W | G | W | X | H | C | O | M | I | Y | U |
| X | T | R | R | Q | K | O | E | N | I | G | S | K | L | A | S | S | E | G |
| Z | D | W | S | E | Y | A | Z | K | C | O | J | F | R | O | L | J | G | L |
| X | E | X | Y | A | I | K | S | O | K | Y | D | H | V | H | D | T | E | H |
| V | I | S | A | L | T | S | Q | N | S | R | F | W | T | A | V | X | Z | X |
| F | M | Q | S | B | Q | Z | G | X | T | A | W | U | P | L | N | Q | J | F |
| I | E | X | U | D | T | K | S | E | I | G | A | F | I | L | B | Z | F | L |
| X | A | I | U | E | P | O | J | P | L | S | N | I | Y | E | D | I | B | J |
| O | R | P | Z | Y | B | L | N | I | I | D | T | C | C | N | E | D | B | A |
| U | P | W | U | O | W | S | E | L | Q | E | S | H | R | H | F | I | A | Y |
| T | M | J | Q | I | Q | I | N | J | U | J | L | J | S | A | E | H | T | Q |
| M | P | O | J | I | M | H | I | V | I | D | F | E | Q | N | N | Z | T | J |
| O | M | Q | C | L | Z | S | Y | D | F | V | F | Y | R | D | S | L | X | B |
| K | N | S | V | A | H | R | V | A | W | H | M | E | O | B | I | J | T | J |
| T | N | V | C | D | G | N | P | H | B | J | S | V | N | A | V | E | N | V |
| D | L | I | N | C | O | F | X | Z | J | D | Z | E | E | L | S | D | A | E |
| Y | Q | N | N | I | W | E | G | L | E | T | I | T | T | L | P | S | A | H |
| A | M | O | F | J | F | G | F | A | F | L | N | X | V | T | I | S | V | C |
| L | F | L | I | G | H | K | Z | Z | D | F | W | X | Y | K | E | Y | O | A |
| P | F | U | P | K | M | U | E | X | D | C | F | Q | G | B | L | Z | E | R |
| R | V | Q | F | Y | C | I | Q | F | F | B | Y | I | Z | S | Q | K | Y | P |
| I | R | U | Z | X | U | K | C | Y | N | M | G | T | L | K | R | G | A | S |
| A | D | Q | M | D | I | N | H | L | S | P | Y | H | N | W | K | Y | D | N |
| F | P | A | R | U | X | I | T | R | I | K | O | T | E | G | P | U | Y | A |

# 12

ERSATZSPIELER
HALLENHANDBALL
TRIKOT
ANSPRACHE
FAIRPLAY

DEFENSIVSPIEL
PRAEMIE
KOENIGSKLASSE
PREISGELD
TITELGEWINN

# Lösung

G E P V Y F K N W G W X H C O M I Y U
X T R R Q K O E N I G S K L A S S E G
Z D W S E Y A Z K C O J F R O L J G L
X E X Y A I K S O K Y D H V H D T E H
V I S A L T S Q N S R F W T A V X Z X
F M Q S B Q Z G X T A W U P L N Q J F
I E X U D T K S E I G A F I L B Z F L
X A I U E P O J P L S N I Y E D I B J
O R P Z Y B L N I I D T C C N E D B A
U P W U O W S E L Q E S H R H F I A Y
T M J Q I Q I N J U J L J S A E H T Q
M P O J I M H I V I D F E Q N N Z T J
O M Q C L Z S Y D F V F Y R D S L X B
K N S V A H R V A W H M E O B I J T J
T N V C D G N P H B J S V N A V E N V
D L I N C O F X Z J D Z E E L S D A E
Y Q N N I W E G L E T I T T L P S A H
A M O F J F G F A F L N X V T I S V C
L F L I G H K Z Z D F W X Y K E Y O A
P F U P K M U E X D C F Q G B L Z E R
R V Q F Y C I Q F F B Y I Z S Q K Y P
I R U Z X U K C Y N M G T L K R G A S
A D Q M D I N H L S P Y H N W K Y D N
F P A R U X I T R I K O T E G P U Y A

| | | | | | | | | | | | | | | | | | | |
|---|---|---|---|---|---|---|---|---|---|---|---|---|---|---|---|---|---|---|
| B | K | F | L | H | A | D | K | I | K | P | B | V | B | F | W | K | Z | G |
| S | B | Z | S | W | V | D | U | P | H | N | X | E | W | Q | V | M | X | Q |
| R | G | N | U | K | C | E | D | M | U | A | R | N | J | V | W | U | V | R |
| B | L | H | M | S | C | H | L | A | G | W | U | R | F | L | C | Y | F | D |
| B | P | Q | O | S | W | A | Q | N | Y | O | I | Y | G | N | G | S | R | P |
| X | N | M | A | F | S | L | J | D | Z | P | D | R | O | K | E | R | U | Y |
| F | D | C | F | P | X | V | D | I | R | P | D | U | P | G | R | H | W | C |
| J | W | X | F | A | S | U | R | H | E | J | N | D | E | R | X | H | L | Z |
| F | J | S | P | E | R | R | E | N | L | E | A | Y | W | S | I | O | L | P |
| T | N | X | A | B | V | S | P | I | E | L | F | E | L | D | E | E | A | Y |
| T | P | P | R | A | L | R | W | N | I | K | L | O | E | W | Y | W | F | Y |
| D | J | D | Q | W | K | U | I | Q | P | W | Y | N | D | D | P | B | T | M |
| X | A | Z | B | C | B | C | L | L | S | N | U | G | H | M | R | R | I | V |
| B | X | M | F | X | K | X | U | D | U | N | J | F | Y | Z | E | B | E | I |
| W | I | M | B | Y | Q | L | T | W | A | H | M | U | F | Q | T | D | S | K |
| D | U | I | D | X | H | F | I | R | B | K | P | E | K | P | F | M | W | S |
| A | U | Y | A | X | L | D | E | E | F | M | I | H | O | K | G | C | O | X |
| Z | F | M | V | Y | Z | C | Z | P | U | D | Z | R | N | C | U | Y | A | G |
| C | B | D | U | F | A | Z | L | A | A | J | I | U | A | N | A | D | W | B |
| K | M | Z | D | A | R | C | E | I | G | I | M | N | P | H | Q | P | G | N |
| U | C | K | X | P | A | A | I | J | N | Q | R | G | T | M | F | U | W | R |
| E | C | D | W | R | A | A | P | Q | Q | K | C | W | F | H | V | X | T | L |
| V | S | A | P | O | P | B | S | B | Y | M | X | D | Q | G | Z | Q | L | L |
| B | F | D | G | N | U | G | I | D | I | E | T | R | E | V | J | X | B | T |

# 13

SCHLAGWURF
SPERREN
VERTEIDIGUNG
SPIELZEIT
FUEHRUNG

REKORD
SPIELFELD
RAUMDECKUNG
AUFBAUSPIELER
SEITFALLWURF

# Lösung

| B | K | F | L | H | A | D | K | I | K | P | B | V | B | F | W | K | Z | G |
|---|---|---|---|---|---|---|---|---|---|---|---|---|---|---|---|---|---|---|
| S | B | Z | S | W | V | D | U | P | H | N | X | E | W | Q | V | M | X | Q |
| R | G | N | U | K | C | E | D | M | U | A | R | N | J | V | W | U | V | R |
| B | L | H | M | S | C | H | L | A | G | W | U | R | F | L | C | Y | F | D |
| B | P | Q | O | S | W | A | Q | N | Y | O | I | Y | G | N | G | S | R | P |
| X | N | M | A | F | S | L | J | D | Z | P | D | R | O | K | E | R | U | Y |
| F | D | C | F | P | X | V | D | I | R | P | D | U | P | G | R | H | W | C |
| J | W | X | F | A | S | U | R | H | E | J | N | D | E | R | X | H | L | Z |
| F | J | S | P | E | R | R | E | N | L | E | A | Y | W | S | I | O | L | P |
| T | N | X | A | B | V | S | P | I | E | L | F | E | L | D | E | E | A | Y |
| T | P | P | R | A | L | R | W | N | I | K | L | O | E | W | Y | W | F | Y |
| D | J | D | Q | W | K | U | I | Q | P | W | Y | N | D | D | P | B | T | M |
| X | A | Z | B | C | B | C | L | L | S | N | U | G | H | M | R | R | I | V |
| B | X | M | F | X | K | X | U | D | U | N | J | F | Y | Z | E | B | E | I |
| W | I | M | B | Y | Q | L | T | W | A | H | M | U | F | Q | T | D | S | K |
| D | U | I | D | X | H | F | I | R | B | K | P | E | K | P | F | M | W | S |
| A | U | Y | A | X | L | D | E | E | F | M | I | H | O | K | G | C | O | X |
| Z | F | M | V | Y | Z | C | Z | P | U | D | Z | R | N | C | U | Y | A | G |
| C | B | D | U | F | A | Z | L | A | A | J | I | U | A | N | A | D | W | B |
| K | M | Z | D | A | R | C | E | I | G | I | M | N | P | H | Q | P | G | N |
| U | C | K | X | P | A | A | I | J | N | Q | R | G | T | M | F | U | W | R |
| E | C | D | W | R | A | A | P | Q | Q | K | C | W | F | H | V | X | T | L |
| V | S | A | P | O | P | B | S | B | Y | M | X | D | Q | G | Z | Q | L | L |
| B | F | D | G | N | U | G | I | D | I | E | T | R | E | V | J | X | B | T |

| F | T | Y | B | U | E | J | J | E | X | F | O | V | N | P | G | N | C | R |
|---|---|---|---|---|---|---|---|---|---|---|---|---|---|---|---|---|---|---|
| F | T | V | X | X | O | K | I | Z | L | Y | Y | F | E | M | N | B | M | Y |
| I | Z | G | S | D | I | I | K | O | P | B | I | A | W | D | I | L | S | L |
| R | V | S | N | Z | U | E | T | B | H | O | X | N | S | O | N | G | C | I |
| G | S | X | P | A | B | A | A | J | G | J | F | P | C | I | I | A | H | C |
| N | P | C | K | I | C | C | N | C | O | H | I | J | K | Q | A | E | U | G |
| A | O | E | X | W | E | K | Y | S | N | H | Z | F | Z | G | R | S | S | R |
| S | E | L | H | U | O | L | C | F | T | Y | V | N | J | N | T | T | S | I |
| N | I | L | E | M | M | M | S | J | H | R | R | V | Q | C | R | E | K | C |
| O | N | I | Z | K | A | K | M | T | Y | J | B | E | D | V | E | B | R | W |
| I | I | W | R | L | N | V | R | C | A | H | A | X | L | Y | U | L | E | F |
| T | L | S | T | R | N | W | E | G | I | N | K | P | C | B | A | O | I | R |
| I | Z | E | O | E | D | S | Z | R | H | O | D | D | G | I | D | C | S | K |
| S | N | G | R | B | E | Z | Q | F | C | N | A | P | Y | E | S | K | Q | M |
| O | E | E | R | C | C | I | N | T | E | R | V | I | E | W | U | P | D | H |
| P | R | I | A | Y | K | X | O | I | N | S | F | G | L | I | A | T | J | U |
| Z | G | S | U | Q | U | J | E | G | Y | C | J | T | S | M | G | F | A | W |
| C | W | T | M | J | N | N | F | J | J | H | S | V | V | K | C | J | L | N |
| Q | W | C | L | J | G | Q | K | B | I | E | Z | L | V | I | P | W | V | V |
| D | Q | Z | I | P | S | J | J | Q | T | A | W | O | W | K | X | V | E | L |
| H | U | N | N | E | B | H | K | H | E | T | B | K | X | Y | O | W | U | R |
| U | D | R | I | Z | S | Y | H | E | B | T | Q | I | S | I | W | T | N | T |
| H | N | O | E | F | Q | F | Q | X | C | O | W | H | P | O | C | N | C | K |
| W | B | Y | R | D | H | P | S | X | I | O | H | N | T | D | N | D | F | K |

TORRAUMLINIE
GAESTEBLOCK
SCHUSSKREIS
SIEGESWILLE
INTERVIEW
SPIELSTAND
MANNDECKUNG
POSITIONSANGRIFF
GRENZLINIE
AUSDAUERTRAINING

# Lösung

F T Y B U E J J E X F O V N P G N C R
F T V X X O K I Z L Y Y F E M N B M Y
I Z G S D I I K O P B I A W D I L S L
R V S N Z U E T B H O X N S O N G C I
G S X P A B A A J G J F P C I I A H C
N P C K I C C N C O H I J K Q A E U G
A O E X W E K Y S N H Z F Z G R S S R
S E L H U O L C F T Y V N J N T T S I
N I L E M M M S J H R R V Q C R E K C
O N I Z K A K M T Y J B E D V E B R W
I I W R L N V R C A H A X L Y U L E F
T L S T R N W E G I N K P C B A O I R
I Z E O E D S Z R H O D D G I D C S K
S N G R B E Z Q F C N A P Y E S K Q M
O E E R C C I N T E R V I E W U P D H
P R I A Y K X O I N S F G L I A T J U
Z G S U Q U J E G Y C J T S M G F A W
C W T M J N N F J J H S V V K C J L N
Q W C L J G Q K B I E Z L V I P W V V
D Q Z I P S J J Q T A W O W K X V E L
H U N N E B H K H E T B K X Y O W U R
U D R I Z S Y H E B T Q I S I W T N T
H N O E F Q F Q X C O W H P O C N C K
W B Y R D H P S X I O H N T D N D F K

| S | F | J | R | H | V | R | U | Y | E | U | L | H | X | Q | G | S | O | D |
|---|---|---|---|---|---|---|---|---|---|---|---|---|---|---|---|---|---|---|
| F | L | A | N | K | E | R | G | C | S | X | V | R | U | C | J | Y | O | R |
| K | R | A | F | T | R | A | U | M | A | U | F | S | E | T | Z | E | R | E |
| N | W | J | J | I | T | X | S | T | M | U | T | O | I | H | V | S | A | L |
| M | Z | B | V | J | H | L | Q | P | S | S | Z | Q | O | M | M | S | L | E |
| I | I | W | V | D | X | Y | H | O | I | U | P | V | W | U | D | P | G | I |
| V | J | V | W | A | S | D | C | E | K | V | L | I | M | T | U | G | D | P |
| L | A | S | I | N | D | W | B | A | O | K | O | R | K | G | B | K | J | S |
| X | E | G | E | G | Q | E | T | T | Y | U | X | G | E | V | H | N | E | S |
| D | P | P | W | G | N | X | X | Z | A | L | Z | T | Q | V | B | L | A | F |
| J | H | R | M | M | T | J | V | T | Y | L | B | V | H | H | X | I | I | F |
| A | M | I | E | Q | R | A | W | L | Y | J | J | Q | G | Y | X | Z | F | I |
| K | E | T | G | B | O | P | C | R | G | U | S | K | R | B | L | C | C | R |
| Z | E | O | A | S | P | O | O | F | W | P | R | Q | N | T | K | A | N | G |
| R | B | C | U | T | H | J | L | B | W | K | Z | O | O | X | E | M | X | N |
| P | J | T | L | Y | A | T | S | A | P | Q | H | O | G | F | D | M | R | A |
| B | W | R | W | Q | E | I | J | V | G | U | E | U | I | A | D | L | H | G |
| I | G | A | K | C | E | J | B | F | P | Z | H | Z | D | A | I | X | O | P |
| V | S | I | T | K | H | Z | F | A | G | M | T | F | N | T | C | A | F | T |
| U | C | N | K | T | A | B | E | P | P | L | D | Q | N | G | O | P | Q | J |
| L | H | I | M | A | H | K | L | Z | E | S | X | P | I | W | O | R | J | X |
| T | N | N | I | W | X | W | A | Y | F | C | L | Y | V | P | V | T | M | B |
| K | V | G | C | F | T | W | L | H | M | H | S | N | A | F | T | X | K | C |
| D | V | R | V | E | X | J | W | V | A | N | C | R | D | B | Z | D | F | Z |

FANS
KRAFTRAUM
TROPHAEE
TOR
AUFSETZER

ANGRIFFSSPIELER
FLANKE
SIEBENMETER
TRAINING
VERLUST

# Lösung

| S | F | J | R | H | V | R | U | Y | E | U | L | H | X | Q | G | S | O | D |
|---|---|---|---|---|---|---|---|---|---|---|---|---|---|---|---|---|---|---|
| F | L | A | N | K | E | R | G | C | S | X | V | R | U | C | J | Y | O | R |
| K | R | A | F | T | R | A | U | M | A | U | F | S | E | T | Z | E | R | E |
| N | W | J | J | I | T | X | S | T | M | U | T | O | I | H | V | S | A | L |
| M | Z | B | V | J | H | L | Q | P | S | S | Z | Q | O | M | M | S | L | E |
| I | I | W | V | D | X | Y | H | O | I | U | P | V | W | U | D | P | G | I |
| V | J | V | W | A | S | D | C | E | K | V | L | I | M | T | U | G | D | P |
| L | A | S | I | N | D | W | B | A | O | K | O | R | K | G | B | K | J | S |
| X | E | G | E | G | Q | E | T | T | Y | U | X | G | E | V | H | N | E | S |
| D | P | P | W | G | N | X | X | Z | A | L | Z | T | Q | V | B | L | A | F |
| J | H | R | M | M | T | J | V | T | Y | L | B | V | H | H | X | I | I | F |
| A | M | I | E | Q | R | A | W | L | Y | J | J | Q | G | Y | X | Z | F | I |
| K | E | T | G | B | O | P | C | R | G | U | S | K | R | B | L | C | C | R |
| Z | E | O | A | S | P | O | O | F | W | P | R | Q | N | T | K | A | N | G |
| R | B | C | U | T | H | J | L | B | W | K | Z | O | O | X | E | M | X | N |
| P | J | T | L | Y | A | T | S | A | P | Q | H | O | G | F | D | M | R | A |
| B | W | R | W | Q | E | I | J | V | G | U | E | U | I | A | D | L | H | G |
| I | G | A | K | C | E | J | B | F | P | Z | H | Z | D | A | I | X | O | P |
| V | S | I | T | K | H | Z | F | A | G | M | T | F | N | T | C | A | F | T |
| U | C | N | K | T | A | B | E | P | P | L | D | Q | N | G | O | P | Q | J |
| L | H | I | M | A | H | K | L | Z | E | S | X | P | I | W | O | R | J | X |
| T | N | N | I | W | X | W | A | Y | F | C | L | Y | V | P | V | T | M | B |
| K | V | G | C | F | T | W | L | H | M | H | S | N | A | F | T | X | K | C |
| D | V | R | V | E | X | J | W | V | A | N | C | R | D | B | Z | D | F | Z |

| G | O | P | R | F | Z | O | A | I | F | A | F | I | N | D | O | K | B | X |
|---|---|---|---|---|---|---|---|---|---|---|---|---|---|---|---|---|---|---|
| C | R | I | M | D | O | J | L | G | L | M | W | C | Y | I | J | U | V | R |
| C | S | F | L | H | R | E | P | J | D | P | K | Z | U | B | E | Z | Y | X |
| M | K | L | X | A | V | P | Y | D | G | Y | M | L | B | R | U | R | P | N |
| K | G | N | I | E | D | E | R | L | A | G | E | Q | G | S | L | J | E | U |
| A | L | N | G | X | B | P | Z | V | Y | U | Y | W | C | L | V | E | O | V |
| M | N | Q | H | U | Z | Z | R | F | Q | Y | P | H | X | K | M | U | C | R |
| K | S | R | E | R | E | I | L | R | E | V | A | U | A | X | W | H | M | U |
| E | Q | F | Q | S | M | O | W | Q | Y | U | S | D | Z | D | Z | M | H | E |
| W | E | L | T | M | E | I | S | T | E | R | D | Z | N | H | Q | D | A | C |
| V | F | T | W | Z | P | D | A | R | G | G | T | Z | B | H | S | F | J | K |
| E | S | Y | L | A | N | A | R | E | N | E | G | E | G | D | S | T | U | H |
| T | I | D | N | Q | R | X | W | T | G | R | K | G | U | M | M | K | Q | A |
| V | A | E | K | T | U | W | G | Q | V | Y | O | M | F | T | Y | Y | H | N |
| J | M | S | Y | C | P | H | C | Z | T | G | H | X | U | S | G | B | J | D |
| G | R | S | Z | Y | T | C | Y | P | L | P | I | W | H | V | D | J | W | W |
| N | O | A | R | U | W | E | E | L | S | I | E | R | K | F | R | U | W | U |
| G | P | L | O | F | F | E | N | S | I | V | S | P | I | E | L | X | D | R |
| U | F | K | Y | A | U | M | K | C | O | P | R | C | D | E | P | R | K | F |
| K | P | T | E | N | E | C | D | R | G | P | X | Z | V | V | P | C | M | P |
| X | K | L | L | O | Z | G | I | Z | P | D | C | T | H | O | S | K | N | B |
| W | B | E | E | J | R | S | X | C | D | I | P | X | C | Q | A | Y | I | V |
| Y | D | W | H | C | D | U | Y | N | B | L | N | Y | P | C | S | Q | U | H |
| N | K | P | T | Y | L | Q | B | R | Z | Y | M | Q | P | V | N | Q | Y | H |

NIEDERLAGE
WELTKLASSE
VEREIN
GEGENERANALYSE
WURFKREIS

ZUSCHAUER
VERLIERER
WELTMEISTER
OFFENSIVSPIEL
RUECKHANDWURF

# Lösung

G O P R F Z O A I F A F I N D O K B X
C R I M D O J L G L M W C Y I J U V R
C S F L H R E P J D P K Z U B E Z Y X
M K L X A V P Y D G Y M L B R U R P N
K G N I E D E R L A G E Q G S L J E U
A L N G X B P Z V Y U Y W C L V E O V
M N Q H U Z Z R F Q Y P H X K M U C R
K S R E R E I L R E V A U A X W H M U
E Q F Q S M O W Q Y U S D Z D Z M H E
W E L T M E I S T E R D Z N H Q D A C
V F T W Z P D A R G G T Z B H S F J K
E S Y L A N A R E N E G E G D S T U H
T I D N Q R X W T G R K G U M M K Q A
V A E K T U W G Q V Y O M F T Y Y H N
J M S Y C P H C Z T G H X U S G B J D
G R S Z Y T C Y P L P I W H V D J W W
N O A R U W E E L S I E R K F R U W U
G P L O F F E N S I V S P I E L X D R
U F K Y A U M K C O P R C D E P R K F
K P T E N E C D R G P X Z V V P C M P
X K L L O Z G I Z P D C T H O S K N B
W B E E J R S X C D I P X C Q A Y I V
Y D W H C D U Y N B L N Y P C S Q U H
N K P T Y L Q B R Z Y M Q P V N Q Y H

| | | | | | | | | | | | | | | | | | | |
|---|---|---|---|---|---|---|---|---|---|---|---|---|---|---|---|---|---|---|
| W | R | D | P | A | H | S | T | U | R | O | N | V | D | L | N | R | H | J |
| U | Z | T | S | R | E | T | N | O | K | Q | Z | S | Z | J | Q | V | C | C |
| G | I | A | N | U | V | J | P | O | Q | Q | K | D | D | F | M | Y | K | S |
| O | Z | R | M | U | V | D | H | F | R | F | K | O | L | P | W | E | F | X |
| W | H | U | R | E | G | W | H | Q | V | I | T | J | H | N | V | T | V | Z |
| P | C | U | S | C | B | W | J | P | P | E | U | L | E | F | G | Y | P | Q |
| A | M | Z | K | Z | O | O | K | C | F | E | H | L | E | R | Y | W | Z | A |
| P | B | W | A | M | B | I | C | A | V | I | G | Z | J | Q | E | U | M | U |
| D | P | T | B | D | G | V | R | R | Q | K | N | U | M | Z | B | F | B | S |
| J | J | Y | R | M | I | T | Z | F | U | O | U | W | A | V | Y | R | V | R |
| P | Y | W | H | P | S | J | F | K | W | C | R | X | A | E | Y | U | T | U |
| P | Q | J | N | H | E | N | V | F | K | M | E | Y | D | C | Q | W | U | E |
| C | W | Q | C | X | R | E | R | W | I | S | D | T | T | P | Z | L | P | S |
| T | Q | T | P | R | R | L | O | M | N | W | N | T | Q | J | Q | L | H | T |
| T | A | H | X | E | E | L | Z | L | H | N | I | U | R | G | H | A | P | U |
| M | H | U | P | M | P | E | I | O | C | J | H | M | G | W | F | F | D | N |
| U | V | I | G | V | S | R | O | V | E | T | E | C | C | C | Z | G | T | G |
| Z | X | W | P | M | S | P | E | V | T | N | B | J | M | H | O | N | Z | P |
| R | I | B | P | C | I | R | F | C | F | E | L | K | W | Y | L | U | N | Q |
| V | T | X | T | W | E | A | W | E | R | G | E | L | Z | F | V | R | N | Y |
| L | G | Z | U | Q | R | Y | C | W | U | L | I | C | W | R | N | P | T | M |
| Z | L | M | M | Q | K | S | A | H | W | F | P | W | V | E | A | S | O | C |
| M | R | M | F | D | D | S | S | J | D | K | S | R | S | U | C | I | J | Y |
| M | T | Z | K | D | G | A | J | L | O | H | F | U | A | Q | B | L | L | I |

# 17

WURFTECHNIK
SPRUNGFALLWURF
KONTER
AUFHOLJAGD
AUSRUESTUNG
FEHLER
KREISSPERRE
SPIELBEHINDERUNG
PRELLEN
MATCHSTRAFE

# Lösung

| W | R | D | P | A | H | S | T | U | R | O | N | V | D | L | N | R | H | J |
|---|---|---|---|---|---|---|---|---|---|---|---|---|---|---|---|---|---|---|
| U | Z | T | S | R | E | T | N | O | K | Q | Z | S | Z | J | Q | V | C | C |
| G | I | A | N | U | V | J | P | O | Q | Q | K | D | D | F | M | Y | K | S |
| O | Z | R | M | U | V | D | H | F | R | F | K | O | L | P | W | E | F | X |
| W | H | U | R | E | G | W | H | Q | V | I | T | J | H | N | V | T | V | Z |
| P | C | U | S | C | B | W | J | P | P | E | U | L | E | F | G | Y | P | Q |
| A | M | Z | K | Z | O | O | K | C | F | E | H | L | E | R | Y | W | Z | A |
| P | B | W | A | M | B | I | C | A | V | I | G | Z | J | Q | E | U | M | U |
| D | P | T | B | D | G | V | R | R | Q | K | N | U | M | Z | B | F | B | S |
| J | J | Y | R | M | I | T | Z | F | U | O | U | W | A | V | Y | R | V | R |
| P | Y | W | H | P | S | J | F | K | W | C | R | X | A | E | Y | U | T | U |
| P | Q | J | N | H | E | N | V | F | K | M | E | Y | D | C | Q | W | U | E |
| C | W | Q | C | X | R | E | R | W | I | S | D | T | T | P | Z | L | P | S |
| T | Q | T | P | R | R | L | O | M | N | W | N | T | Q | J | Q | L | H | T |
| T | A | H | X | E | E | L | Z | L | H | N | I | U | R | G | H | A | P | U |
| M | H | U | P | M | P | E | I | O | C | J | H | M | G | W | F | F | D | N |
| U | V | I | G | V | S | R | O | V | E | T | E | C | C | C | Z | G | T | G |
| Z | X | W | P | M | S | P | E | V | T | N | B | J | M | H | O | N | Z | P |
| R | I | B | P | C | I | R | F | C | F | E | L | K | W | Y | L | U | N | Q |
| V | T | X | T | W | E | A | W | E | R | G | E | L | Z | F | V | R | N | Y |
| L | G | Z | U | Q | R | Y | C | W | U | L | I | C | W | R | N | P | T | M |
| Z | L | M | M | Q | K | S | A | H | W | F | P | W | V | E | A | S | O | C |
| M | R | M | F | D | D | S | S | J | D | K | S | R | S | U | C | I | J | Y |
| M | T | Z | K | D | G | A | J | L | O | H | F | U | A | Q | B | L | L | I |

| | | | | | | | | | | | | | | | | | | |
|---|---|---|---|---|---|---|---|---|---|---|---|---|---|---|---|---|---|---|
| M | K | N | V | Y | O | V | H | U | W | J | G | T | G | F | O | F | J | H |
| Y | N | B | O | W | V | E | R | W | A | R | N | U | N | G | K | C | J | H |
| J | Y | D | U | Y | I | K | V | O | P | E | B | E | X | B | N | W | V | H |
| D | M | J | K | E | M | Z | G | U | A | O | L | U | Q | E | R | C | J | Z |
| O | P | A | F | J | E | H | F | E | R | B | H | R | T | O | Y | Y | X | B |
| M | I | B | R | B | W | X | E | U | J | E | C | F | U | E | B | W | F | C |
| A | C | S | I | N | A | C | L | G | E | K | I | T | H | E | C | Q | F | D |
| M | R | T | R | Z | X | X | D | K | D | O | R | N | T | P | R | R | G | J |
| C | N | I | H | A | O | W | S | A | V | N | R | M | R | K | J | O | H | N |
| V | Y | E | O | K | K | A | P | R | M | D | V | W | Z | U | V | X | Y | W |
| O | O | G | W | X | Z | N | I | T | R | I | X | O | V | D | T | A | T | E |
| B | E | I | Z | A | N | J | E | E | T | T | D | E | T | O | R | J | S | I |
| Q | Z | N | N | Z | L | P | L | Q | R | I | O | E | A | A | G | S | Y | N |
| T | P | N | L | P | C | Y | E | R | N | O | E | G | D | K | L | Z | S | I |
| P | Q | H | U | W | N | N | R | P | U | N | N | X | Z | I | M | Y | M | L |
| P | I | H | L | F | F | D | I | W | B | X | O | F | I | T | A | V | D | L |
| X | T | T | J | G | L | H | G | B | H | P | A | O | N | K | N | C | S | E |
| X | L | N | X | V | J | P | J | A | D | O | I | M | E | A | N | P | Y | T |
| P | K | V | K | E | S | U | A | P | N | E | G | E | R | T | S | N | I | T |
| M | E | J | L | D | O | D | D | O | C | I | X | F | Y | N | C | P | W | I |
| Z | N | V | H | W | Q | K | D | B | I | Z | E | K | W | K | H | V | X | M |
| U | A | T | F | J | V | O | W | V | O | S | I | P | S | D | A | Q | R | F |
| S | R | A | M | I | U | P | X | E | K | T | W | L | E | X | F | L | N | H |
| H | N | N | B | C | D | J | K | N | N | E | M | H | O | T | T | E | E | N |

FELDSPIELER
ROTE KARTE
ABSTIEG
REGENPAUSE
MITTELLINIE

KONDITION
VERWARNUNG
TURNIER
TAKTIK
MANNSCHAFT

# Lösung

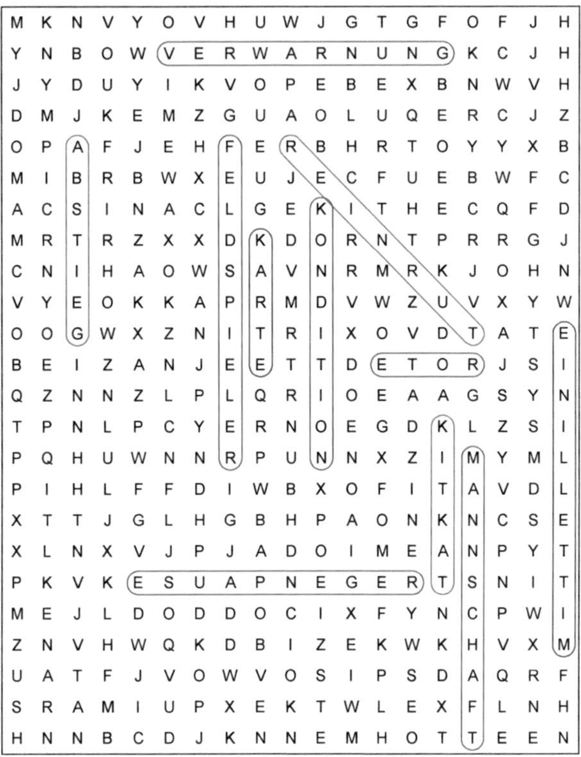


---

**DAS**

# BASKETBALL

**WORTSUCHRÄTSEL BUCH**

Z D V J P F L U E G E L S P I E L E R
O B L R U W D P H J V V X K R J T U F
Y R K Z N C N G Z N I L P M I E W D Z
A U M R K C O H A K E N W U R F J I P
R I A K T R G K J S F Y K X W E M T W
U K P E E N B H G I G F V Q V T E E G
V D P F T L G N N T T D H O W U Z N N
H R S M R C P X U L E O X K F X L L G
Q X D M D N E K L B E D O W S W L N L
W A N L E V A C I I I N F Q B D A A R
R F I A F L O Q E J T B A S F H B Y A
D K Z M E Q V W T T R C T V R J T E N
O T P R N E R K R S A G X A E H E N F
A T N M S I R X E F P H F N I O K V A
U F K V I V F F V W W E U K W A S Q N
B L M G V B R F L E T A J L U G A G Y
W O N G T S W F L T O S H E R Y B K J
Z P L O A Q F V A Q Z L A B F B R A V
D P Q Y K I W Z B S M J A R Q D L G C
M I Q X T O M W L V T Y M E U O R Z K
T N S D I P S A W W C N W A O P T N F
Q G T M K U Z Q B J S N R K T N T O O
A F P A D X M Q C G I J K E E V D M A
M P M W Y X W A T H Y P A R C O T X S

# 1

BASKETBALL
PUNKTE
HAKENWURF
DEFENSIVTAKTIK
FLOPPING
FREIWURFQUOTE
ANKLEBREAKER
BALLVERTEILUNG
PARTIE
FLUEGELSPIELER

# Lösung

Z D V J P F L U E G E L S P I E L E R
O B L R U W D P H J V V X K R J T U F
Y R K Z N C N G Z N I L P M I E W D Z
A U M R K C O H A K E N W U R F J I P
R I A K T R G K J S F Y K X W E M T W
U K P E E N B H G I G F V Q V T E E G
V D P F T L G N N T T D H O W U Z N N
H R S M R C P X U L E O X K F X L L G
Q X D M D N E K L B E D O W S W L N L
W A N L E V A C I I I N F Q B D A A R
R F I A F L O Q E J T B A S F H B Y A
D K Z M E Q V W T T R C T V R J T E N
O T P R N E R K R S A G X A E H E N F
A T N M S I R X E F P H F N I O K V A
U F K V I V F F V W W E U K W A S Q N
B L M G V B R F L E T A J L U G A G Y
W O N G T S W F L T O S H E R Y B K J
Z P L O A Q F V A Q Z L A B F B R A V
D P Q Y K I W Z B S M J A R Q D L G C
M I Q X T O M W L V T Y M E U O R Z K
T N S D I P S A W W C N W A O P T N F
Q G T M K U Z Q B J S N R K T N T O O
A F P A D X M Q C G I J K E E V D M A
M P M W Y X W A T H Y P A R C O T X S

| | | | | | | | | | | | | | | | | | | |
|---|---|---|---|---|---|---|---|---|---|---|---|---|---|---|---|---|---|---|
| M | R | N | D | G | I | D | G | Q | Q | G | A | N | J | W | Z | F | O | R |
| W | M | G | V | D | O | C | O | R | T | N | P | N | H | E | C | D | L | R |
| G | U | C | K | O | V | V | J | D | V | I | M | J | V | R | L | I | I | Z |
| R | X | R | Q | X | R | H | G | K | Z | R | E | Z | W | F | J | F | G | G |
| U | B | R | F | F | D | F | U | S | G | B | P | N | S | E | T | J | S | F |
| D | J | Q | O | T | Z | T | E | F | K | R | O | G | K | R | N | E | Q | R |
| M | C | H | S | P | E | T | T | L | H | O | I | S | M | L | S | C | D | S |
| Y | Y | U | E | D | A | C | I | J | D | K | N | K | N | V | S | S | N | V |
| A | Y | U | I | G | T | A | H | V | L | N | T | N | Z | Q | D | G | P | V |
| A | Q | B | V | D | X | M | G | N | G | V | G | N | G | E | A | E | S | G |
| D | R | C | F | M | S | V | W | U | I | P | U | D | V | D | J | Z | B | M |
| S | M | H | L | L | L | U | A | D | O | K | A | C | N | I | G | W | I | O |
| M | L | V | T | A | V | R | E | A | R | K | R | L | H | U | L | T | L | B |
| B | N | Q | M | I | D | C | O | Q | B | V | D | Q | T | M | S | Y | G | X |
| X | E | Q | X | D | B | N | R | S | I | J | X | H | L | P | B | L | M | R |
| U | H | X | U | U | L | B | T | O | M | R | O | Y | I | V | Z | T | P | J |
| W | U | G | S | C | A | A | U | D | H | X | C | E | Q | D | E | Z | W | N |
| S | E | N | O | Z | T | D | G | A | N | T | L | S | Y | I | C | S | I | V |
| F | P | M | B | S | J | Q | F | F | Y | E | S | D | V | B | P | W | U | U |
| Z | C | M | X | T | K | J | T | Z | R | Q | Z | C | B | B | X | E | E | L |
| D | V | S | L | E | I | P | S | L | A | N | I | F | Q | H | U | F | Z | I |
| J | F | O | W | H | S | L | J | H | P | E | T | S | P | O | R | D | R | W |
| R | D | A | D | A | F | A | D | C | O | F | A | D | Q | S | T | F | X | N |
| T | M | R | T | M | W | W | Z | W | F | E | Z | I | S | O | H | Q | B | T |

2

GUARD
WURFTECHNIK
DROPSTEP
KORBRING
STAT

FINALSPIEL
WERFER
POINTGUARD
MITSPIELER
VORFELD

# Lösung

| M | R | N | D | G | I | D | G | Q | Q | G | A | N | J | W | Z | F | O | R |
|---|---|---|---|---|---|---|---|---|---|---|---|---|---|---|---|---|---|---|
| W | M | G | V | D | O | C | O | R | T | N | P | N | H | E | C | D | L | R |
| G | U | C | K | O | V | V | J | D | V | I | M | J | V | R | L | I | I | Z |
| R | X | R | Q | X | R | H | G | K | Z | R | E | Z | W | F | J | F | G | G |
| U | B | R | F | F | D | F | U | S | G | B | P | N | S | E | T | J | S | F |
| D | J | Q | O | T | Z | T | E | F | K | R | O | G | K | R | N | E | Q | R |
| M | C | H | S | P | E | T | T | L | H | O | I | S | M | L | S | C | D | S |
| Y | Y | U | E | D | A | C | I | J | D | K | N | K | N | V | S | S | N | V |
| A | Y | U | I | G | T | A | H | V | L | N | T | N | Z | Q | D | G | P | V |
| A | Q | B | V | D | X | M | G | N | G | V | G | N | G | E | A | E | S | G |
| D | R | C | F | M | S | V | W | U | I | P | U | D | V | D | J | Z | B | M |
| S | M | H | L | L | L | U | A | D | O | K | A | C | N | I | G | W | I | O |
| M | L | V | T | A | V | R | E | A | R | K | R | L | H | U | L | T | L | B |
| B | N | Q | M | I | D | C | O | Q | B | V | D | Q | T | M | S | Y | G | X |
| X | E | Q | X | D | B | N | R | S | I | J | X | H | L | P | B | L | M | R |
| U | H | X | U | U | L | B | T | O | M | R | O | Y | I | V | Z | T | P | J |
| W | U | G | S | C | A | A | U | D | H | X | C | E | Q | D | E | Z | W | N |
| S | E | N | O | Z | T | D | G | A | N | T | L | S | Y | I | C | S | I | V |
| F | P | M | B | S | J | Q | F | F | Y | E | S | D | V | B | P | W | U | U |
| Z | C | M | X | T | K | J | T | Z | R | Q | Z | C | B | B | X | E | E | L |
| D | V | S | L | E | I | P | S | L | A | N | I | F | Q | H | U | F | Z | I |
| J | F | O | W | H | S | L | J | H | P | E | T | S | P | O | R | D | R | W |
| R | D | A | D | A | F | A | D | C | O | F | A | D | Q | S | T | F | X | N |
| T | M | R | T | M | W | W | Z | W | F | E | Z | I | S | O | H | Q | B | T |

| B | V | T | R | C | D | K | W | T | V | H | S | S | L | F | G | H | A | K |
|---|---|---|---|---|---|---|---|---|---|---|---|---|---|---|---|---|---|---|
| E | Z | B | P | H | N | S | Q | X | Y | C | A | O | K | O | J | U | M | N |
| Q | P | K | L | T | G | C | A | N | C | R | E | Z | Z | U | B | I | U | R |
| R | W | U | R | F | V | E | R | S | U | C | H | P | G | S | T | V | P | Y |
| V | H | C | Y | G | P | N | I | B | H | G | R | Q | I | S | L | S | W | H |
| G | K | B | K | V | Y | A | J | T | F | I | T | D | C | C | V | P | Y | A |
| W | D | P | Y | R | O | A | N | D | K | H | T | C | M | L | K | D | X | W |
| S | D | N | I | N | W | X | U | A | Q | K | P | F | M | H | R | K | A | O |
| C | N | A | C | S | E | C | B | O | D | C | P | L | T | I | K | P | C | D |
| H | V | B | E | G | A | L | T | U | W | R | X | G | B | A | Q | B | U | O |
| N | M | P | H | G | M | G | L | W | Q | R | G | B | H | K | P | N | K | C |
| E | Z | F | Q | B | A | U | F | E | W | J | E | R | R | A | K | H | R | M |
| L | A | I | M | T | V | D | S | A | R | L | K | N | O | T | O | W | N | D |
| L | T | F | P | T | G | K | P | Y | N | P | E | O | W | L | W | E | G | H |
| A | H | F | O | Z | H | K | R | A | R | R | S | H | M | S | L | U | W | C |
| N | W | G | O | G | O | V | U | L | V | C | I | S | W | R | S | Y | D | O |
| G | C | U | Y | O | Q | O | N | I | P | A | Z | O | L | M | H | S | E | G |
| R | X | M | E | T | K | O | G | D | M | Z | H | M | U | N | K | R | L | X |
| I | K | P | L | K | B | W | W | P | G | K | U | M | F | J | R | Q | E | C |
| F | Z | L | L | K | Z | C | U | G | F | R | S | N | G | V | U | Z | T | X |
| F | X | P | A | Q | M | J | R | W | I | N | E | O | B | H | L | L | A | B |
| Q | O | P | F | U | W | I | F | J | V | Q | R | S | S | O | W | D | V | R |
| X | F | H | D | P | W | W | W | R | H | U | C | I | P | X | U | C | X | P |
| I | B | O | C | U | M | E | H | C | L | S | H | W | X | Z | L | Z | X | K |

PICK AND ROLL
DUNK
WURFVERSUCH
BALL PRELLEN
ABPFIFF

BUZZER
SCHNELLANGRIFF
DRIBBELN
ALLEYOOP
SPRUNGWURF

# Lösung

| B | V | T | R | C | D | K | W | T | V | H | S | S | L | F | G | H | A | K |
|---|---|---|---|---|---|---|---|---|---|---|---|---|---|---|---|---|---|---|
| E | Z | B | P | H | N | S | Q | X | Y | C | A | O | K | O | J | U | M | N |
| Q | P | K | L | T | G | C | A | N | C | R | E | Z | Z | U | B | I | U | R |
| R | W | U | R | F | V | E | R | S | U | C | H | P | G | S | T | V | P | Y |
| V | H | C | Y | G | P | N | I | B | H | G | R | Q | I | S | L | S | W | H |
| G | K | B | K | V | Y | A | J | T | F | I | T | D | C | C | V | P | Y | A |
| W | D | P | Y | R | O | A | N | D | K | H | T | C | M | L | K | D | X | W |
| S | D | N | I | N | W | X | U | A | Q | K | P | F | M | H | R | K | A | O |
| C | N | A | C | S | E | C | B | O | D | C | P | L | T | I | K | P | C | D |
| H | V | B | E | G | A | L | T | U | W | R | X | G | B | A | Q | B | U | O |
| N | M | P | H | G | M | G | L | W | Q | R | G | B | H | K | P | N | K | C |
| E | Z | F | Q | B | A | U | F | E | W | J | E | R | R | A | K | H | R | M |
| L | A | I | M | T | V | D | S | A | R | L | K | N | O | T | O | W | N | D |
| L | T | F | P | T | G | K | P | Y | N | P | E | O | W | L | W | E | G | H |
| A | H | F | O | Z | H | K | R | A | R | R | S | H | M | S | L | U | W | C |
| N | W | G | O | G | O | V | U | L | V | C | I | S | W | R | S | Y | D | O |
| G | C | U | Y | O | Q | O | N | I | P | A | Z | O | L | M | H | S | E | G |
| R | X | M | E | T | K | O | G | D | M | Z | H | M | U | N | K | R | L | X |
| I | K | P | L | K | B | W | W | P | G | K | U | M | F | J | R | Q | E | C |
| F | Z | L | L | K | Z | C | U | G | F | R | S | N | G | V | U | Z | T | X |
| F | X | P | A | Q | M | J | R | W | I | N | E | O | B | H | L | L | A | B |
| Q | O | P | F | U | W | I | F | J | V | Q | R | S | S | O | W | D | V | R |
| X | F | H | D | P | W | W | W | R | H | U | C | I | P | X | U | C | X | P |
| I | B | O | C | U | M | E | H | C | L | S | H | W | X | Z | L | Z | X | K |

| | | | | | | | | | | | | | | | | | | |
|---|---|---|---|---|---|---|---|---|---|---|---|---|---|---|---|---|---|---|
| L | Y | P | W | K | U | C | R | V | Q | S | I | T | X | U | D | N | O | E |
| H | L | E | F | G | A | Y | Z | N | E | I | N | J | C | I | K | D | Z | K |
| X | F | O | Y | R | I | Q | Q | U | O | R | C | N | O | Z | Y | A | P | O |
| K | D | N | R | P | X | Z | E | R | Z | R | S | O | G | T | I | J | V | Y |
| W | R | G | V | R | H | C | A | E | L | Z | U | I | G | M | O | B | T | B |
| B | E | H | S | H | E | F | R | W | S | W | C | T | W | W | S | U | B | E |
| W | I | P | N | K | Y | G | W | X | U | I | C | I | J | P | C | F | Z | G |
| Y | E | B | J | I | G | J | N | R | K | G | R | S | T | K | G | C | G | A |
| B | R | S | C | C | G | C | F | I | L | B | U | N | X | W | X | X | F | S |
| Q | L | N | C | Z | D | F | Z | O | F | P | R | A | M | N | V | M | A | U |
| A | I | R | T | H | I | R | F | F | U | G | D | R | R | K | L | C | Y | V |
| I | N | G | G | N | W | R | Z | I | F | Q | R | T | I | E | J | X | X | W |
| R | I | H | T | Y | E | A | E | S | M | V | Q | F | L | V | W | E | S | H |
| B | E | E | H | B | E | W | R | Y | Q | W | Q | V | G | X | B | N | R | O |
| A | W | V | R | E | B | R | M | Z | A | G | T | I | R | W | T | Y | X | K |
| L | S | O | Y | H | P | A | K | Q | E | R | R | Y | C | Y | U | T | U | L |
| L | K | M | J | W | K | A | J | F | H | S | S | K | C | Y | K | L | M | Q |
| N | F | R | A | N | C | H | I | S | E | S | P | I | E | L | E | R | C | A |
| P | L | R | M | R | A | K | I | U | U | Y | P | T | Y | E | G | T | H | N |
| S | G | E | Z | X | U | B | O | N | C | R | Y | R | R | F | G | B | U | P |
| X | L | L | P | A | O | P | R | N | L | C | E | T | W | P | V | G | U | Z |
| Y | V | Q | O | P | P | Z | M | W | T | L | O | N | Y | D | Z | C | S | F |
| P | E | I | N | C | O | W | G | L | L | E | M | O | U | S | H | O | Y | M |
| V | B | X | W | T | H | D | Z | V | P | V | R | Z | E | K | F | E | E | W |

KORBERFOLG
TRANSITION
FINGERROLL
DREIERLINIE
WURFFINTE

FRANCHISESPIELER
DOPPELN
AIRBALL
KONTER
SCHWARZES LOCH

# Lösung

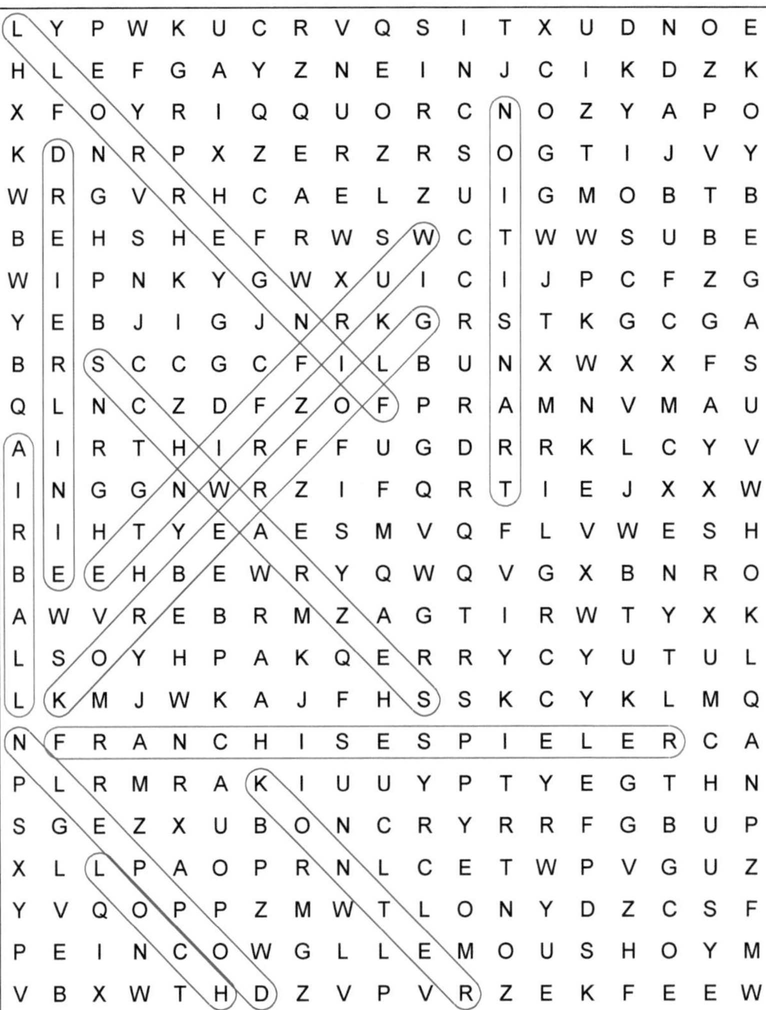

R U H R K Z Z K N Y N H S C A B H G O
H A B Q P D G Z V F Z M N K F N X E H
I F K Z A X K V M P L W Q D V S C M L
C I Y Q C K I R P J O S H F H R R D Y
A E A P P C A A E T H R R N P L O J U
H A H C B L G S N U C N B H A X G I D
I U D Q X I Z W U U Z R V I H K N Z U
H H B R B P O X B W P S T P Q A U Z E
F X M Y X D Z O X K C J C R N Q D S B
P B S J Q L S C D K B O Q H K E Y G E
F R I T E L S T O R O A K K R M W T R
U C M T U A V Z T Q A R N H V I C Q K
L G W I T D N J Z F V U B P A R T H O
L D M B P S H O O T I N G W M K K T P
C V T J A M S H T Y F Z W D U N M O F
O W Q F N X O P M L H C O A B R V D P
U I N A N D O U T B E P P I G S F V A
R S R K O F C N O D O R H F K O Z R S
T L Z T G Y U P V I L B B L O C K R S
P I K A M B J F T W A A B F O M S H C
R Q U T N I J Z E W N L S L T Y S Q X
E D L S C R E E N E A U J S J Q L H Z
S M L S S B U Q Q L R I Y Z Z Z Q Y R
S I E P X I Q P T W Y B U P D Z O H P

KEY
INANDOUT
SCREEN
BLOCK
KREUZSCHRITT

UEBERKOPFPASS
SHOOTING GUARD
DOWNTOWN
FULLCOURTPRESS
KORBWURF

# Lösung

R U H R K Z Z K N Y N H S C A B H G O
H A B Q P D G Z V F Z M N K F N X E H
I F K Z A X K V M P L W Q D V S C M L
C I Y Q C K I R P J O S H F H R R D Y
A E A P P C A A E T H R R N P L O J U
H A H C B L G S N U C N B H A X G I D
I U D Q X I Z W U U Z R V I H K N Z U
H H B R B P O X B W P S T P Q A U Z E
F X M Y X D Z O X K C J C R N Q D S B
P B S J Q L S C D K B O Q H K E Y G E
F R I T E L S T O R O A K K R M W T R
U C M T U A V Z T Q A R N H V I C Q K
L G W I T D N J Z F V U B P A R T H O
L D M B P S H O O T I N G W M K K T P
C V T J A M S H T Y F Z W D U N M O F
O W Q F N X O P M L H C O A B R V D P
U I N A N D O U T B E P P I G S F V A
R S R K O F C N O D O R H F K O Z R S
T L Z T G Y U P V I L B B L O C K R S
P I K A M B J F T W A A B F O M S H C
R Q U T N I J Z E W N L S L T Y S Q X
E D L S C R E E N E A U J S J Q L H Z
S M L S S B U Q Q L R I Y Z Z Z Q Y R
S I E P X I Q P T W Y B U P D Z O H P

| L | P | Y | T | Y | J | Z | I | B | R | C | Z | Y | Q | T | P | F | W | K |
|---|---|---|---|---|---|---|---|---|---|---|---|---|---|---|---|---|---|---|
| W | E | N | Q | E | M | P | J | Q | F | S | S | A | P | T | S | U | R | B |
| E | S | X | O | R | X | Y | L | Q | U | Q | H | Y | Y | Y | G | B | R | Q |
| V | O | N | V | Y | E | P | Z | W | C | I | P | X | T | E | T | H | H | W |
| X | M | Q | S | E | R | U | C | X | W | I | R | C | M | H | T | N | A | U |
| R | N | D | Z | R | A | C | E | H | O | O | K | S | H | O | T | A | J | P |
| J | H | G | Q | Y | H | P | V | H | N | Y | K | N | R | Q | X | P | P | T |
| B | E | I | K | M | K | V | H | U | I | N | D | T | W | F | L | D | I | F |
| Z | U | N | O | M | B | X | M | W | E | S | N | B | Y | A | X | O | E | A |
| V | P | N | N | F | C | E | E | O | J | L | N | X | Y | L | P | Q | T | H |
| S | X | U | M | A | Y | T | K | B | L | L | A | O | E | W | N | K | O | C |
| I | F | Z | V | W | M | A | H | Q | M | R | F | T | S | I | Z | Z | H | S |
| A | U | X | O | X | O | P | I | A | T | F | L | U | Z | D | E | H | M | N |
| S | O | D | X | S | E | C | H | S | T | E | R | A | U | P | P | F | J | N |
| M | H | J | T | T | T | Q | L | M | J | D | D | C | Z | O | T | P | J | A |
| B | T | B | D | T | U | I | D | N | U | Z | D | W | W | C | J | Q | N | M |
| H | Q | O | R | V | I | J | E | R | A | V | S | E | B | M | K | M | M | M |
| B | Z | M | A | X | A | D | W | Z | B | A | R | O | K | A | V | L | X | I |
| U | Q | M | W | Y | B | H | Y | L | L | D | T | N | X | L | H | O | R | E |
| T | P | Q | R | C | B | C | N | B | Z | E | U | K | X | Z | E | W | V | H |
| S | U | K | O | M | Q | O | W | S | G | H | I | F | O | Q | S | Q | T | H |
| O | Y | F | F | M | J | D | A | G | I | L | O | P | L | M | R | Z | R | Q |
| P | A | M | C | X | D | J | H | X | E | P | X | F | S | X | B | R | H | S |
| O | L | P | O | U | K | C | J | E | A | G | J | I | A | S | U | B | E | C |

SECHSTER MANN
LAYUP
SPIELZEIT
PLAYOFF
HOOKSHOT
LIGA
POWER FORWARD
LOW POST
HEIMMANNSCHAFT
BRUSTPASS

# Lösung

| L | P | Y | T | Y | J | Z | I | B | R | C | Z | Y | Q | T | P | F | W | K |
|---|---|---|---|---|---|---|---|---|---|---|---|---|---|---|---|---|---|---|
| W | E | N | Q | E | M | P | J | Q | F | S | S | A | P | T | S | U | R | B |
| E | S | X | O | R | X | Y | L | Q | U | Q | H | Y | Y | Y | G | B | R | Q |
| V | O | N | V | Y | E | P | Z | W | C | I | P | X | T | E | T | H | H | W |
| X | M | Q | S | E | R | U | C | X | W | I | R | C | M | H | T | N | A | U |
| R | N | D | Z | R | A | C | E | H | O | O | K | S | H | O | T | A | J | P |
| J | H | G | Q | Y | H | P | V | H | N | Y | K | N | R | Q | X | P | P | T |
| B | E | I | K | M | K | V | H | U | I | N | D | T | W | F | L | D | I | F |
| Z | U | N | O | M | B | X | M | W | E | S | N | B | Y | A | X | O | E | A |
| V | P | N | N | F | C | E | E | O | J | L | N | X | Y | L | P | Q | T | H |
| S | X | U | M | A | Y | T | K | B | L | L | A | O | E | W | N | K | O | C |
| I | F | Z | V | W | M | A | H | Q | M | R | F | T | S | I | Z | Z | H | S |
| A | U | X | O | X | O | P | I | A | T | F | L | U | Z | D | E | H | M | N |
| S | O | D | X | S | E | C | H | S | T | E | R | A | U | P | P | F | J | N |
| M | H | J | T | T | T | Q | L | M | J | D | D | C | Z | O | T | P | J | A |
| B | T | B | D | T | U | I | D | N | U | Z | D | W | W | C | J | Q | N | M |
| H | Q | O | R | V | I | J | E | R | A | V | S | E | B | M | K | M | M | M |
| B | Z | M | A | X | A | D | W | Z | B | A | R | O | K | A | V | L | X | I |
| U | Q | M | W | Y | B | H | Y | L | L | D | T | N | X | L | H | O | R | E |
| T | P | Q | R | C | B | C | N | B | Z | E | U | K | X | Z | E | W | V | H |
| S | U | K | O | M | Q | O | W | S | G | H | I | F | O | Q | S | Q | T | H |
| O | Y | F | F | M | J | D | A | G | I | L | O | P | L | M | R | Z | R | Q |
| P | A | M | C | X | D | J | H | X | E | P | X | F | S | X | B | R | H | S |
| O | L | P | O | U | K | C | J | E | A | G | J | I | A | S | U | B | E | C |

| K | J | E | X | V | E | N | O | B | X | X | D | R | B | M | F | T | T | C |
|---|---|---|---|---|---|---|---|---|---|---|---|---|---|---|---|---|---|---|
| E | G | I | Q | I | D | F | E | T | D | W | B | A | T | X | J | M | G | K |
| N | T | S | R | W | O | U | S | T | V | Q | P | X | I | D | P | W | T | B |
| C | E | S | E | O | O | F | J | I | V | P | F | H | O | K | L | H | M | A |
| K | G | P | W | Q | S | U | F | X | X | E | A | O | J | H | D | F | A | L |
| V | T | B | U | V | N | G | F | E | F | N | C | T | D | J | H | T | E | L |
| W | S | V | U | Y | N | P | V | U | J | I | Z | W | T | K | D | B | T | G |
| Q | X | E | J | Y | B | A | Y | R | H | L | O | Z | I | A | E | W | A | E |
| D | F | I | H | Q | A | V | Y | B | J | E | D | E | A | M | I | S | N | Q |
| H | H | Q | V | J | I | H | Y | P | F | S | F | F | K | P | W | Z | R | A |
| C | A | Z | Y | C | R | S | F | J | D | A | M | Z | D | F | P | Y | F | F |
| R | R | E | F | I | E | R | G | N | A | B | D | S | R | G | T | K | A | G |
| C | R | K | U | X | B | H | R | Z | I | P | X | Q | R | E | R | V | N | W |
| N | T | X | W | Q | Z | X | U | U | W | W | Z | Q | J | R | J | W | X | I |
| M | J | Q | U | R | T | O | U | C | H | P | A | S | S | I | T | B | M | Y |
| R | P | X | L | U | L | V | G | W | V | X | C | F | W | C | A | A | U | K |
| P | W | D | E | H | E | A | N | B | R | O | K | M | I | H | E | D | X | A |
| G | M | C | V | V | U | O | B | K | A | U | U | K | C | T | U | Z | W | U |
| N | X | P | G | O | Y | C | Q | C | N | K | Q | L | X | X | I | F | E | C |
| I | J | V | C | Q | W | O | G | I | F | A | A | B | R | K | F | S | V | Y |
| Z | G | V | E | Z | V | Q | M | P | D | B | B | K | N | P | C | W | R | T |
| N | S | N | B | O | S | T | E | H | B | Y | L | E | K | C | I | I | S | S |
| I | H | A | Y | B | V | M | H | A | C | K | A | S | H | A | Q | F | C | O |
| L | M | M | Z | D | W | Z | Q | R | K | O | B | F | V | J | C | P | I | W |

KAMPFGERICHT

NBA

TEAM

PICK

HACKASHAQ

TOUCHPASS

BALL

KORBNAEHE

BASELINE

ANGREIFER

# Lösung

K J E X V E N O B X X D R B M F T T C
E G I Q I D F E T D W B A T X J M G K
N T S R W O U S T V Q P X I D P W T B
C E S E O O F J I V P F H O K L H M A
K G P W Q S U F X X E A O J H D F A L
V T B U V N G F E F N C T D J H T E L
W S V U Y N P V U J I Z W T K D B T G
Q X E J Y B A Y R H L O Z I A E W A E
D F I H Q A V Y B J E D E A M I S N Q
H H Q V J I H Y P F S F F K P W Z R A
C A Z Y C R S F J D A M Z D F P Y F F
R R E F I E R G N A B D S R G T K A G
C R K U X B H R Z I P X Q R E R V N W
N T X W Q Z X U U W W Z Q J R J W X I
M J Q U R T O U C H P A S S I T B M Y
R P X L U L V G W V X C F W C A A U K
P W D E H E A N B R O K M I H E D X A
G M C V V U O B K A U U K C T U Z W U
N X P G O Y C Q C N K Q L X X I F E C
I J V C Q W O G I F A A B R K F S V Y
Z G V E Z V Q M P D B B K N P C W R T
N S N B O S T E H B Y L E K C I I S S
I H A Y B V M H A C K A S H A Q F C O
L M M Z D W Z Q R K O B F V J C P I W

| A | O | O | I | V | P | Y | K | T | B | A | P | C | R | P | X | V | P | K |
|---|---|---|---|---|---|---|---|---|---|---|---|---|---|---|---|---|---|---|
| L | G | V | C | Z | U | Y | L | N | I | F | L | I | U | A | Q | I | I | F |
| M | D | C | E | V | N | I | M | Y | U | S | G | B | A | V | J | I | P | F |
| X | P | Q | U | P | K | D | E | R | N | G | Q | K | T | O | T | R | T | G |
| C | G | J | H | F | W | U | V | L | U | N | W | G | O | R | O | R | T | U |
| K | M | U | T | V | W | K | K | M | S | T | L | U | N | W | E | Q | D | Z |
| E | D | P | U | W | E | X | R | G | Z | F | Y | O | J | F | K | G | M | L |
| E | Q | F | M | E | S | H | E | U | V | O | W | H | F | U | X | D | E | E |
| W | E | W | W | S | G | B | G | Y | X | R | B | E | L | J | N | K | I | I |
| G | T | Y | K | R | P | L | I | S | E | W | R | B | K | S | Y | P | S | P |
| F | V | G | L | D | W | K | D | K | R | A | T | U | O | Q | Q | T | T | S |
| P | D | J | G | M | O | K | I | P | B | R | Q | Z | N | C | R | V | E | D |
| H | C | B | Y | L | F | R | E | A | C | D | D | Z | U | V | F | F | R | R |
| I | Y | S | L | P | U | M | T | I | X | S | J | E | G | R | R | R | S | A |
| B | O | V | A | I | H | C | R | N | J | U | B | R | Y | Z | K | O | C | D |
| A | J | E | I | D | P | G | E | T | Q | C | M | B | D | C | F | N | H | N |
| C | B | E | J | L | K | E | V | K | J | F | Q | E | V | O | V | T | A | A |
| K | B | P | Z | X | L | F | A | I | P | W | V | A | G | L | D | C | F | T |
| S | E | C | B | Y | M | X | E | A | N | L | W | T | N | K | P | O | T | S |
| T | F | R | Q | Y | X | F | O | M | M | P | Q | E | K | C | Y | U | E | S |
| E | K | U | X | L | U | P | R | T | O | M | Y | R | S | Y | I | R | Z | J |
| I | B | D | E | E | G | Z | C | J | I | E | A | Q | A | N | T | T | H | D |
| N | R | F | K | D | L | U | F | Q | K | B | N | F | W | U | T | Y | K | Z |
| E | S | T | E | A | L | N | A | N | Q | O | Z | Q | P | Z | U | Y | K | D |

TREFFER
STEAL
BUZZERBEATER
STANDARDSPIELZUG
VERTEIDIGER

MEISTERSCHAFT
FORWARD
BACKSTEIN
PAINT
FRONTCOURT

# Lösung

| A | O | O | I | V | P | Y | K | T | B | A | P | C | R | P | X | V | P | K |
|---|---|---|---|---|---|---|---|---|---|---|---|---|---|---|---|---|---|---|
| L | G | V | C | Z | U | Y | L | N | I | F | L | I | U | A | Q | I | I | F |
| M | D | C | E | V | N | I | M | Y | U | S | G | B | A | V | J | I | P | F |
| X | P | Q | U | P | K | D | E | R | N | G | Q | K | T | O | T | R | T | G |
| C | G | J | H | F | W | U | V | L | U | N | W | G | O | R | O | R | T | U |
| K | M | U | T | V | W | K | K | M | S | T | L | U | N | W | E | Q | D | Z |
| E | D | P | U | W | E | X | R | G | Z | F | Y | O | J | F | K | G | M | L |
| E | Q | F | M | E | S | H | E | U | V | O | W | H | F | U | X | D | E | E |
| W | E | W | W | S | G | B | G | Y | X | R | B | E | L | J | N | K | I | I |
| G | T | Y | K | R | P | L | I | S | E | W | R | B | K | S | Y | P | S | P |
| F | V | G | L | D | W | K | D | K | R | A | T | U | O | Q | Q | T | T | S |
| P | D | J | G | M | O | K | I | P | B | R | Q | Z | N | C | R | V | E | D |
| H | C | B | Y | L | F | R | E | A | C | D | D | Z | U | V | F | F | R | R |
| I | Y | S | L | P | U | M | T | I | X | S | J | E | G | R | R | R | S | A |
| B | O | V | A | I | H | C | R | N | J | U | B | R | Y | Z | K | O | C | D |
| A | J | E | I | D | P | G | E | T | Q | C | M | B | D | C | F | N | H | N |
| C | B | E | J | L | K | E | V | K | J | F | Q | E | V | O | V | T | A | A |
| K | B | P | Z | X | L | F | A | I | P | W | V | A | G | L | D | C | F | T |
| S | E | C | B | Y | M | X | E | A | N | L | W | T | N | K | P | O | T | S |
| T | F | R | Q | Y | X | F | O | M | M | P | Q | E | K | C | Y | U | E | S |
| E | K | U | X | L | U | P | R | T | O | M | Y | R | S | Y | I | R | Z | J |
| I | B | D | E | E | G | Z | C | J | I | E | A | Q | A | N | T | T | H | D |
| N | R | F | K | D | L | U | F | Q | K | B | N | F | W | U | T | Y | K | Z |
| E | S | T | E | A | L | N | A | N | Q | O | Z | Q | P | Z | U | Y | K | D |

A X Q R E N E R I S S S U L H C S Q X
E A F B K T E D A Q I A M Y F D T D O
R E H C A M L E I P S V B Q A B V L Q
R R J R P Z Y W B H G C T J U T C S N
D R A W R O F L L A M S O R B Z K G J
H O O I Z L I F R E I W U R F P Z V L
Q B W D R E I P U N K T E L I N I E S
P H K E B S Y H N Q E P L Q U B I J V
W E T J P E M X H K Z J U F X T R T B
H V O O S Y I V C S Q N K I D G H C X
W W T D Y C F Y T V L K N S S N H I W
G U D F G H F Q A I P O D Y V V T M N
A L V J A Y R T M G O T O G U Y R M R
V U I N X H U F S L E X L T T Z K N H
K I T W I C C Q I G A O X R H J Z W F
F T J F K R G S M D Z D P U B Z G E X
E W L T J Y M T N V X Y A C E U A L T
D U L F T R H W M N S E Z B K S L K N
P C D V L P E T J K A U I M H C P A G
Y R E Z A Z A R M A C M N G Y H F J U
U L Z X L C A D Q P A B H O M A Z R M
L Z I O V H Q R I C B M V P B U Q M T
W J L R W T U D L N R H K Q I E G O Q
P K A I N T M X H X Z L Q C O R V V F

GOTOGUY
CUT
MANNSCHAFT
ZUSCHAUER
DREIPUNKTELINIE

BONUS FREIWURF
MISMATCH
SPIELMACHER
SCHLUSSSIRENE
SMALLFORWARD

# Lösung

| A | X | Q | R | E | N | E | R | I | S | S | S | U | L | H | C | S | Q | X |
|---|---|---|---|---|---|---|---|---|---|---|---|---|---|---|---|---|---|---|
| E | A | F | B | K | T | E | D | A | Q | I | A | M | Y | F | D | T | D | O |
| R | E | H | C | A | M | L | E | I | P | S | V | B | Q | A | B | V | L | Q |
| R | R | J | R | P | Z | Y | W | B | H | G | C | T | J | U | T | C | S | N |
| D | R | A | W | R | O | F | L | L | A | M | S | O | R | B | Z | K | G | J |
| H | O | O | I | Z | L | I | F | R | E | I | W | U | R | F | P | Z | V | L |
| Q | B | W | D | R | E | I | P | U | N | K | T | E | L | I | N | I | E | S |
| P | H | K | E | B | S | Y | H | N | Q | E | P | L | Q | U | B | I | J | V |
| W | E | T | J | P | E | M | X | H | K | Z | J | U | F | X | T | R | T | B |
| H | V | O | O | S | Y | I | V | C | S | Q | N | K | I | D | G | H | C | X |
| W | W | T | D | Y | C | F | Y | T | V | L | K | N | S | S | N | H | I | W |
| G | U | D | F | G | H | F | Q | A | I | P | O | D | Y | V | V | T | M | N |
| A | L | V | J | A | Y | R | T | M | G | O | T | O | G | U | Y | R | M | R |
| V | U | I | N | X | H | U | F | S | L | E | X | L | T | T | Z | K | N | H |
| K | I | T | W | I | C | C | Q | I | G | A | O | X | R | H | J | Z | W | F |
| F | T | J | F | K | R | G | S | M | D | Z | D | P | U | B | Z | G | E | X |
| E | W | L | T | J | Y | M | T | N | V | X | Y | A | C | E | U | A | L | T |
| D | U | L | F | T | R | H | W | M | N | S | E | Z | B | K | S | L | K | N |
| P | C | D | V | L | P | E | T | J | K | A | U | I | M | H | C | P | A | G |
| Y | R | E | Z | A | Z | A | R | M | A | C | M | N | G | Y | H | F | J | U |
| U | L | Z | X | L | C | A | D | Q | P | A | B | H | O | M | A | Z | R | M |
| L | Z | I | O | V | H | Q | R | I | C | B | M | V | P | B | U | Q | M | T |
| W | J | L | R | W | T | U | D | L | N | R | H | K | Q | I | E | G | O | Q |
| P | K | A | I | N | T | M | X | H | X | Z | L | Q | C | O | R | V | V | F |

| S | B | O | E | E | S | I | O | X | N | A | J | F | V | R | K | D | G | J |
|---|---|---|---|---|---|---|---|---|---|---|---|---|---|---|---|---|---|---|
| H | U | Y | P | Y | W | S | T | A | N | D | W | U | R | F | A | U | K | S |
| Q | A | M | K | B | L | L | A | B | P | M | U | J | Y | S | X | V | T | E |
| Q | W | H | H | F | V | W | D | X | V | V | K | K | S | K | C | B | W | T |
| O | K | V | M | T | P | H | J | I | R | R | T | I | X | E | C | F | G | P |
| C | H | P | L | A | Y | B | K | A | A | R | S | W | D | P | V | O | V | L |
| V | I | G | S | S | X | H | N | U | A | T | X | A | P | Q | Z | M | X | A |
| N | N | S | Q | K | R | Y | R | S | R | G | C | V | T | J | O | E | J | Y |
| O | O | J | S | G | B | G | H | L | A | O | O | N | T | T | Q | U | E | L |
| I | G | U | Q | A | H | T | E | T | E | A | Z | G | B | A | Z | B | R | G |
| T | A | X | F | J | A | Z | S | A | P | I | V | C | Y | B | O | Y | B | X |
| A | P | U | U | L | A | R | N | D | C | Y | P | R | N | O | P | U | M | A |
| U | C | Z | K | Z | B | T | E | U | Y | C | E | S | I | P | U | Z | F | B |
| T | O | G | U | Q | G | E | T | V | M | X | D | E | F | F | E | D | N | R |
| I | Z | F | R | V | M | T | U | W | Z | R | D | X | W | N | G | P | A | N |
| S | S | Y | F | Y | N | B | N | J | P | V | H | D | U | A | Y | T | M | P |
| L | H | F | Z | W | P | Y | I | Y | S | R | S | A | U | Q | X | I | N | A |
| E | B | U | V | H | T | P | M | W | P | M | S | T | J | C | J | K | C | O |
| I | G | U | J | N | F | Q | L | P | O | R | D | R | A | E | T | T | X | Z |
| P | Z | X | I | B | P | W | E | F | A | P | D | J | A | X | E | U | D | K |
| S | G | E | L | B | A | Y | I | F | B | E | K | A | P | M | M | K | N | U |
| Z | M | U | J | I | U | T | P | W | T | S | C | Z | I | N | Y | V | D | Z |
| Z | B | K | B | Z | H | Y | S | C | U | D | I | G | K | N | D | S | U | S |
| R | D | V | M | V | T | D | K | Q | D | H | W | E | D | H | K | J | M | T |

10

PASS
SPIELRHYTHMUS
TRASHTALK
TEARDROP
SPIELSITUATION
SETPLAY
STANDWURF
ASSIST
SPIELMINUTEN
JUMPBALL

# Lösung

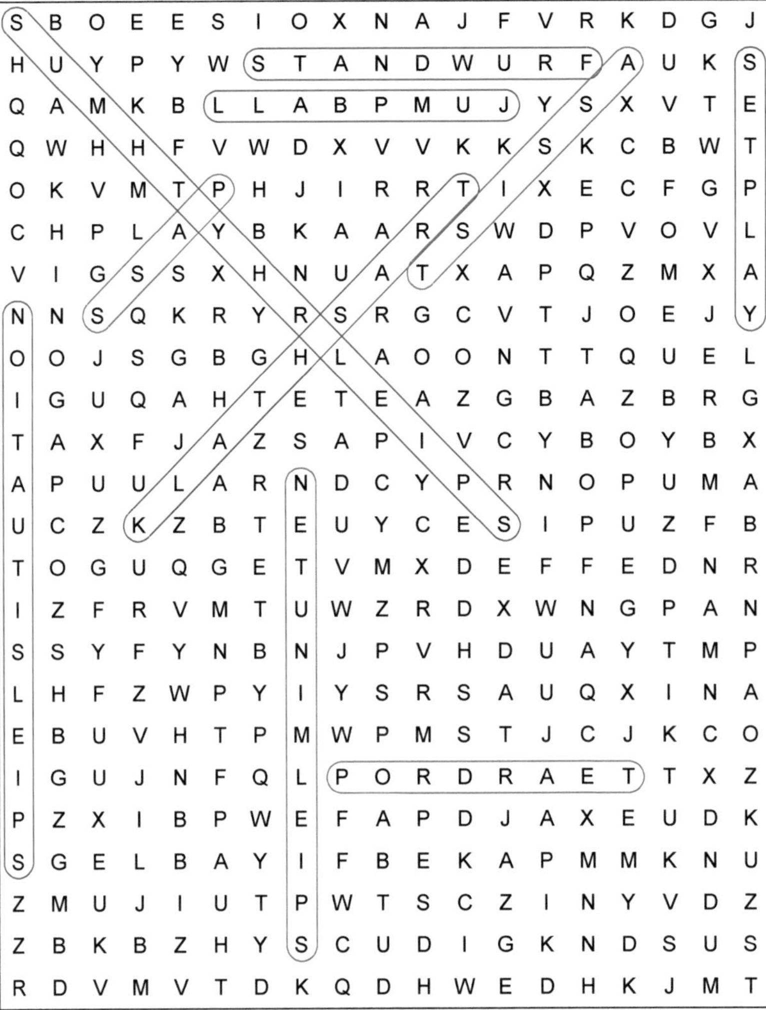

| P | Y | D | A | D | J | T | T | E | W | E | A | K | V | W | H | S | R | K |
|---|---|---|---|---|---|---|---|---|---|---|---|---|---|---|---|---|---|---|
| R | F | E | L | D | W | U | R | F | X | S | K | U | Y | T | M | G | P | N |
| H | Y | W | J | C | H | B | D | I | G | N | S | L | X | D | L | W | G | F |
| A | Y | L | C | X | F | H | L | C | Q | V | N | H | W | F | H | D | L | U |
| F | S | C | D | B | A | Z | O | A | A | H | R | F | T | D | W | J | X | Q |
| N | B | R | O | K | U | V | Z | Q | D | F | S | Q | T | W | D | Y | B | X |
| X | I | Q | T | S | U | L | R | E | V | L | L | A | B | C | H | O | U | X |
| E | H | O | R | U | B | T | Z | L | E | E | Y | T | F | B | T | O | X | A |
| W | U | K | E | P | M | W | V | U | L | I | R | M | S | C | N | S | U | J |
| D | M | U | K | E | X | B | K | N | X | T | N | P | O | L | X | S | S | F |
| D | C | B | C | Y | O | W | T | A | Z | U | R | F | S | B | R | W | N | T |
| O | T | X | E | N | X | L | T | D | Z | U | F | V | M | I | E | B | B | F |
| R | G | R | T | K | V | A | T | E | N | E | W | H | C | X | V | X | R | V |
| G | M | X | S | Z | D | I | G | G | N | R | I | H | P | K | E | D | V | N |
| M | A | T | H | H | H | X | B | S | T | P | T | J | W | H | B | W | M | C |
| L | W | R | C | V | F | A | I | C | M | U | D | G | W | Z | B | O | H | R |
| P | J | V | R | X | L | V | J | H | N | Q | Y | K | B | E | T | E | O | D |
| R | U | P | U | L | A | K | M | G | S | X | I | T | W | R | T | A | J | R |
| U | D | E | D | K | F | P | G | K | X | K | G | Z | S | N | I | U | X | A |
| H | E | D | T | U | L | Q | V | L | N | G | Y | H | W | L | E | R | T | O |
| W | N | I | G | S | S | C | L | M | L | U | C | G | V | D | Z | L | O | B |
| N | O | F | Y | W | M | U | U | P | H | Q | K | N | D | G | S | I | A | P |
| N | Y | X | P | U | G | G | S | C | H | F | E | B | Q | O | U | N | O | V |
| B | A | P | G | D | L | W | B | I | P | T | N | P | I | N | A | F | I | I |

SPRUNGBALL
FELDWURF
KORB
BOARD
MVP

AUSRICHTUNG
DURCHSTECKER
OFFENSIVAKTION
BALLVERLUST
AUSZEIT

# Lösung

P Y D A D J T T E W E A K V W H S R K
R F E L D W U R F X S K U Y T M G P N
H Y W J C H B D I G N S L X D L W G F
A Y L C X F H L C Q V N H W F H D L U
F S C D B A Z O A A H R F T D W J X Q
N B R O K U V Z Q D F S Q T W D Y B X
X I Q T S U L R E V L L A B C H O U X
E H O R U B T Z L E E Y T F B T O X A
W U K E P M W V U L I R M S C N S U J
D M U K E X B K N X T N P O L X S S F
D C B C Y O W T A Z U R F S B R W N T
O T X E N X L T D Z U F V M I E B B F
R G R T K V A T E N E W H C X V X R V
G M X S Z D I G G N R I H P K E D V N
M A T H H H X B S T P T J W H B W M C
L W R C V F A I C M U D G W Z B O H R
P J V R X L V J H N Q Y K B E T E O D
R U P U L A K M G S X I T W R T A J R
U D E D K F P G K X K G Z S N I U X A
H E D T U L Q V L N G Y H W L E R T O
W N I G S S C L M L U C G V D Z L O B
N O F Y W M U U P H Q K N D G S I A P
N Y X P U G G S C H F E B Q O U N O V
B A P G D L W B I P T N P I N A F I I

| | | | | | | | | | | | | | | | | | | |
|---|---|---|---|---|---|---|---|---|---|---|---|---|---|---|---|---|---|---|
| V | T | E | K | H | A | S | G | C | A | Z | C | L | Y | R | Y | O | K | C |
| R | J | J | W | Z | G | A | U | F | B | A | U | S | P | I | E | L | E | R |
| F | Z | X | Y | H | K | Z | K | E | H | U | M | Z | W | E | Q | X | R | C |
| K | B | B | H | U | X | R | A | Y | G | D | I | H | X | C | Z | B | T | S |
| R | Z | W | R | C | O | W | C | U | W | L | T | N | P | B | G | C | D | G |
| U | Z | Y | M | J | E | Z | I | T | F | E | P | O | I | O | H | W | O | O |
| C | V | G | J | Z | W | L | C | M | I | P | A | U | H | N | I | K | U | M |
| X | H | B | P | S | O | Y | Q | Q | C | M | O | U | H | S | A | N | U | P |
| F | P | S | D | N | K | A | N | N | R | I | S | S | G | S | P | P | T | R |
| W | K | V | M | K | A | B | N | X | A | P | N | H | T | H | Z | M | D | Y |
| R | I | D | N | E | P | M | C | L | L | W | S | Q | V | E | Q | G | U | L |
| L | T | B | V | H | V | B | V | Y | E | B | T | G | S | N | N | D | X | J |
| M | S | X | M | A | Z | R | R | J | H | R | A | A | N | D | P | N | S | O |
| B | I | B | F | A | K | E | X | U | V | E | R | D | B | N | Z | J | Q | X |
| S | T | B | M | P | C | G | B | B | N | A | T | L | L | W | L | L | B | C |
| H | A | N | E | K | Q | E | Q | Z | E | K | F | E | E | D | G | V | W | N |
| F | T | I | P | A | Z | L | V | R | R | P | O | L | M | W | K | C | M | D |
| A | S | J | O | O | A | B | Z | W | I | F | R | J | D | O | L | M | O | T |
| S | S | W | W | A | Q | R | H | H | D | I | M | D | R | A | W | R | O | F |
| T | P | P | K | C | T | O | G | U | N | I | A | A | R | J | K | Z | R | J |
| W | N | D | J | K | W | K | N | Q | P | B | T | O | J | E | F | V | Y | C |
| T | P | I | Z | W | E | L | F | R | U | W | I | E | R | F | P | H | J | P |
| D | Z | D | I | L | M | M | G | Y | C | T | O | G | T | C | V | C | X | O |
| V | S | L | N | Y | V | T | A | S | M | R | N | H | E | N | L | G | T | J |

# 12

AUFBAUSPIELER
JUMPSHOT
POINT FORWARD
RUN AND GUN
FAST BREAK

AUFPOSTEN
STATISTIK
FREIWURF
STARTFORMATION
KORBLEGER

# Lösung

| V | T | E | K | H | A | S | G | C | A | Z | C | L | Y | R | Y | O | K | C |
|---|---|---|---|---|---|---|---|---|---|---|---|---|---|---|---|---|---|---|
| R | J | J | W | Z | G | A | U | F | B | A | U | S | P | I | E | L | E | R |
| F | Z | X | Y | H | K | Z | K | E | H | U | M | Z | W | E | Q | X | R | C |
| K | B | B | H | U | X | R | A | Y | G | D | I | H | X | C | Z | B | T | S |
| R | Z | W | R | C | O | W | C | U | W | L | T | N | P | B | G | C | D | G |
| U | Z | Y | M | J | E | Z | I | T | F | E | P | O | I | O | H | W | O | O |
| C | V | G | J | Z | W | L | C | M | I | P | A | U | H | N | I | K | U | M |
| X | H | B | P | S | O | Y | Q | Q | C | M | O | U | H | S | A | N | U | P |
| F | P | S | D | N | K | A | N | N | R | I | S | S | G | S | P | P | T | R |
| W | K | V | M | K | A | B | N | X | A | P | N | H | T | H | Z | M | D | Y |
| R | I | D | N | E | P | M | C | L | L | W | S | Q | V | E | Q | G | U | L |
| L | T | B | V | H | V | B | V | Y | E | B | T | G | S | N | N | D | X | J |
| M | S | X | M | A | Z | R | R | J | H | R | A | A | N | D | P | N | S | O |
| B | I | B | F | A | K | E | X | U | V | E | R | D | B | N | Z | J | Q | X |
| S | T | B | M | P | C | G | B | B | N | A | T | L | L | W | L | L | B | C |
| H | A | N | E | K | Q | E | Q | Z | E | K | F | E | E | D | G | V | W | N |
| F | T | I | P | A | Z | L | V | R | R | P | O | L | M | W | K | C | M | D |
| A | S | J | O | O | A | B | Z | W | I | F | R | J | D | O | L | M | O | T |
| S | S | W | W | A | Q | R | H | H | D | I | M | D | R | A | W | R | O | F |
| T | P | P | K | C | T | O | G | U | N | I | A | A | R | J | K | Z | R | J |
| W | N | D | J | K | W | K | N | Q | P | B | T | O | J | E | F | V | Y | C |
| T | P | I | Z | W | E | L | F | R | U | W | I | E | R | F | P | H | J | P |
| D | Z | D | I | L | M | M | G | Y | C | T | O | G | T | C | V | C | X | O |
| V | S | L | N | Y | V | T | A | S | M | R | N | H | E | N | L | G | T | J |

| | | | | | | | | | | | | | | | | | | |
|---|---|---|---|---|---|---|---|---|---|---|---|---|---|---|---|---|---|---|
| W | F | K | L | Z | B | K | J | S | Y | Y | E | R | V | U | I | I | X | T |
| H | L | R | L | T | U | C | R | O | O | D | K | C | A | B | L | P | Q | F |
| U | P | B | I | R | C | J | B | Y | A | H | K | U | K | I | G | T | V | B |
| S | Y | P | O | R | C | O | B | P | Q | E | T | R | J | S | H | I | J | Q |
| J | I | F | L | H | S | V | C | I | S | D | X | W | F | N | P | M | E | G |
| R | K | R | F | L | B | A | D | U | W | F | G | Q | Z | O | H | E | X | G |
| O | N | E | D | G | A | R | B | A | G | E | A | C | U | E | N | E | Q | U |
| V | B | L | C | M | F | T | I | G | P | O | F | K | M | V | G | J | H | I |
| X | G | E | J | J | O | Z | C | B | U | T | N | I | I | R | I | Z | P | X |
| R | L | I | B | Z | H | Y | X | U | T | D | E | O | Q | U | X | J | F | Q |
| G | B | P | S | F | U | M | Q | G | B | U | K | N | E | K | H | G | T | O |
| E | Z | S | O | C | G | N | N | Y | A | V | C | E | I | G | L | P | V | Q |
| L | R | N | E | G | Q | G | N | A | C | N | O | R | N | U | O | I | S | T |
| O | E | E | T | X | X | Y | F | X | K | K | L | E | I | L | W | Z | I | E |
| U | E | L | V | L | M | I | R | S | D | L | B | V | L | F | N | R | P | D |
| F | Y | L | K | K | O | L | X | E | U | T | S | O | D | X | I | B | R | P |
| K | Q | O | D | T | T | Z | L | M | N | B | U | S | N | N | G | G | R | J |
| C | G | R | B | T | V | J | R | N | K | J | A | S | U | I | T | E | N | I |
| D | N | A | T | S | H | C | I | E | L | G | D | O | R | S | Z | P | C | J |
| K | C | A | B | T | U | P | T | W | P | G | N | R | G | K | N | K | D | A |
| C | C | E | G | X | B | D | S | X | O | A | V | C | Y | W | U | N | U | B |
| J | Y | H | C | P | K | W | K | I | J | K | E | M | Y | V | K | J | O | F |
| O | M | I | F | T | Y | X | M | J | D | I | V | D | L | G | C | P | A | J |
| D | O | Y | W | M | Q | Z | Y | V | M | J | E | R | P | J | Q | X | U | C |

13

| | |
|---|---|
| ROLLENSPIELER | AUSBLOCKEN |
| CROSSOVER | GRUNDLINIE |
| PUTBACK | PUTBACKDUNK |
| GLEICHSTAND | FLUGKURVE |
| GARBAGE TIME | BACKDOORCUT |

# Lösung

| W | F | K | L | Z | B | K | J | S | Y | Y | E | R | V | U | I | I | X | T |
|---|---|---|---|---|---|---|---|---|---|---|---|---|---|---|---|---|---|---|
| H | L | R | L | T | U | C | R | O | O | D | K | C | A | B | L | P | Q | F |
| U | P | B | I | R | C | J | B | Y | A | H | K | U | K | I | G | T | V | B |
| S | Y | P | O | R | C | O | B | P | Q | E | T | R | J | S | H | I | J | Q |
| J | I | F | L | H | S | V | C | I | S | D | X | W | F | N | P | M | E | G |
| R | K | R | F | L | B | A | D | U | W | F | G | Q | Z | O | H | E | X | G |
| O | N | E | D | G | A | R | B | A | G | E | A | C | U | E | N | E | Q | U |
| V | B | L | C | M | F | T | I | G | P | O | F | K | M | V | G | J | H | I |
| X | G | E | J | J | O | Z | C | B | U | T | N | I | I | R | I | Z | P | X |
| R | L | I | B | Z | H | Y | X | U | T | D | E | O | Q | U | X | J | F | Q |
| G | B | P | S | F | U | M | Q | G | B | U | K | N | E | K | H | G | T | O |
| E | Z | S | O | C | G | N | N | Y | A | V | C | E | I | G | L | P | V | Q |
| L | R | N | E | G | Q | G | N | A | C | N | O | R | N | U | O | I | S | T |
| O | E | E | T | X | X | Y | F | X | K | K | L | E | I | L | W | Z | I | E |
| U | E | L | V | L | M | I | R | S | D | L | B | V | L | F | N | R | P | D |
| F | Y | L | K | K | O | L | X | E | U | T | S | O | D | X | I | B | R | P |
| K | Q | O | D | T | T | Z | L | M | N | B | U | S | N | N | G | G | R | J |
| C | G | R | B | T | V | J | R | N | K | J | A | S | U | I | T | E | N | I |
| D | N | A | T | S | H | C | I | E | L | G | D | O | R | S | Z | P | C | J |
| K | C | A | B | T | U | P | T | W | P | G | N | R | G | K | N | K | D | A |
| C | C | E | G | X | B | D | S | X | O | A | V | C | Y | W | U | N | U | B |
| J | Y | H | C | P | K | W | K | I | J | K | E | M | Y | V | K | J | O | F |
| O | M | I | F | T | Y | X | M | J | D | I | V | D | L | G | C | P | A | J |
| D | O | Y | W | M | Q | Z | Y | V | M | J | E | R | P | J | Q | X | U | C |

| M | A | N | L | K | V | J | G | C | A | M | R | L | F | Z | K | J | X | F |
|---|---|---|---|---|---|---|---|---|---|---|---|---|---|---|---|---|---|---|
| C | M | L | J | B | G | F | S | H | O | T | B | L | O | C | K | L | R | U |
| X | E | S | J | F | A | D | V | Y | G | Q | D | Z | H | M | C | B | P | J |
| I | Z | F | L | K | V | S | I | A | Y | U | I | N | J | P | N | N | Z | K |
| F | Z | W | E | W | P | X | W | H | N | D | S | C | N | K | F | P | T | R |
| Q | Y | V | H | G | A | X | M | I | I | A | T | R | M | I | U | Z | V | X |
| S | C | R | U | N | C | H | T | I | M | E | A | O | S | P | W | U | A | C |
| Z | G | V | D | J | E | I | W | A | X | H | N | H | P | G | W | E | Q | P |
| W | Z | P | U | J | A | H | L | Y | A | E | Z | C | D | A | I | H | T | G |
| R | S | D | D | I | J | D | F | R | M | R | W | C | D | F | I | J | U | X |
| Y | E | W | Z | C | V | B | P | U | M | P | U | F | B | O | M | I | W | I |
| O | L | L | Y | X | Q | H | J | F | D | U | R | O | K | V | D | S | W | S |
| V | A | V | H | T | O | P | F | C | X | R | F | L | I | U | T | C | H | S |
| S | O | Y | J | E | R | W | N | P | F | H | B | C | K | D | E | R | E | H |
| I | Y | E | E | E | F | A | N | I | E | B | D | N | A | T | S | O | O | A |
| D | U | R | U | P | Q | T | V | H | A | N | D | W | E | C | H | S | E | L |
| C | A | J | R | L | F | O | T | E | T | R | A | I | N | E | R | R | U | V |
| Q | K | R | H | G | K | V | X | I | L | G | V | G | R | M | V | I | F | Y |
| I | J | Y | E | E | D | Q | M | Z | R | I | W | G | V | T | Y | J | E | Q |
| J | V | G | C | J | Z | H | R | K | U | H | N | C | U | V | Y | K | R | J |
| B | S | V | D | G | E | W | T | L | Y | K | C | G | Q | X | E | A | Z | W |
| H | M | N | A | B | G | G | V | K | R | M | K | S | P | H | O | H | F | F |
| Y | T | K | L | K | S | T | E | L | L | U | N | G | K | L | C | K | S | P |
| V | P | W | Z | H | P | F | X | H | I | M | S | O | P | C | Q | V | U | O |

PUMP FAKE
SHOTBLOCK
TRAVELING
HANDWECHSEL
STANDBEIN

SPD STELLUNG
CRUNCHTIME
SCHRITTFEHLER
DISTANZWURF
TRAINER

# Lösung

M A N L K V J G C A M R L F Z K J X F
C M L J B G F S H O T B L O C K L R U
X E S J F A D V Y G Q D Z H M C B P J
I Z F L K V S I A Y U I N J P N N Z K
F Z W E W P X W H N D S C N K F P T R
Q Y V H G A X M I I A T R M I U Z V X
S C R U N C H T I M E A O S P W U A C
Z G V D J E I W A X H N H P G W E Q P
W Z P U J A H L Y A E Z C D A I H T G
R S D D I J D F R M R W C D F I J U X
Y E W Z C V B P U M P U F B O M I W I
O L L Y X Q H J F D U R O K V D S W S
V A V H T O P F C X R F L I U T C H S
S O Y J E R W N P F H B C K D E R E H
I Y E E E F A N I E B D N A T S O O A
D U R U P Q T V H A N D W E C H S E L
C A J R L F O T E T R A I N E R R U V
Q K R H G K V X I L G V G R M V I F Y
I J Y E E D Q M Z R I W G V T Y J E Q
J V G C J Z H R K U H N C U V Y K R J
B S V D G E W T L Y K C G Q X E A Z W
H M N A B G G V K R M K S P H O H F F
Y T K L K S T E L L U N G K L C K S P
V P W Z H P F X H I M S O P C Q V U O

| | | | | | | | | | | | | | | | | | | |
|---|---|---|---|---|---|---|---|---|---|---|---|---|---|---|---|---|---|---|
| V | O | Q | V | U | R | N | V | A | S | Y | T | J | S | Y | C | H | J | P |
| D | U | U | V | Z | U | I | Z | C | C | W | G | D | T | D | M | F | E | Z |
| K | H | Y | K | Z | F | C | N | X | P | C | I | S | A | L | H | B | K | K |
| G | I | Z | U | N | J | D | O | H | W | B | D | Q | R | V | F | F | O | U |
| E | Q | S | U | M | O | J | A | S | K | M | Y | Z | T | K | V | Y | N | C |
| E | A | V | C | R | K | M | J | B | I | D | A | B | I | Y | U | U | W | Q |
| Q | A | P | J | F | E | A | B | O | P | G | Y | V | N | D | Z | X | P | E |
| K | K | F | X | D | T | B | I | T | O | R | J | I | G | R | F | Z | F | T |
| Y | K | N | F | N | X | B | O | R | O | O | A | A | L | R | G | H | R | K |
| L | I | W | C | W | F | Z | Y | U | Q | Z | O | L | M | D | N | K | F | W |
| W | T | P | W | G | R | U | H | K | N | N | L | Z | L | K | O | U | I | O |
| E | S | B | Y | W | Y | O | X | V | B | D | K | Z | Z | E | L | T | V | V |
| Y | I | T | L | Q | G | W | D | Y | X | O | X | U | G | P | R | E | E | O |
| T | T | H | J | Q | M | R | P | K | L | H | Q | O | E | A | F | X | I | C |
| Q | A | N | E | X | O | B | S | U | A | R | A | T | F | U | T | T | E | M |
| W | T | J | L | B | V | C | L | D | E | L | S | F | F | A | K | Q | U | R |
| S | S | D | X | N | O | W | A | T | T | B | Z | Q | W | N | K | E | O | A |
| J | L | F | Y | T | R | F | N | E | A | I | V | S | O | E | M | A | G | L |
| P | E | B | H | E | B | E | N | J | G | S | G | I | U | Z | A | Y | M | J |
| U | I | F | Z | A | C | D | W | I | N | N | E | R | T | G | C | V | V | P |
| H | P | C | K | I | I | I | W | V | M | K | Q | D | J | A | M | O | L | B |
| F | S | D | J | N | W | E | W | R | U | E | C | K | F | E | L | D | D | H |
| C | L | Q | G | S | B | U | V | S | I | L | E | V | S | T | X | D | I | A |
| I | F | N | C | R | X | Q | W | K | J | J | K | N | K | P | S | H | N | S |

# 15

JABSTEP
RUECKFELD
GOALTENDING
STARTING FIVE
CENTER

GAME WINNER
REBOUND
SPIELSTATISTIK
ABPRALLER
AUSBOXEN

# Lösung

| V | O | Q | V | U | R | N | V | A | S | Y | T | J | S | Y | C | H | J | P |
|---|---|---|---|---|---|---|---|---|---|---|---|---|---|---|---|---|---|---|
| D | U | U | V | Z | U | I | Z | C | C | W | G | D | T | D | M | F | E | Z |
| K | H | Y | K | Z | F | C | N | X | P | C | I | S | A | L | H | B | K | K |
| G | I | Z | U | N | J | D | O | H | W | B | D | Q | R | V | F | F | O | U |
| E | Q | S | U | M | O | J | A | S | K | M | Y | Z | T | K | V | Y | N | C |
| E | A | V | C | R | K | M | J | B | I | D | A | B | I | Y | U | U | W | Q |
| Q | A | P | J | F | E | A | B | O | P | G | Y | V | N | D | Z | X | P | E |
| K | K | F | X | D | T | B | I | T | O | R | J | I | G | R | F | Z | F | T |
| Y | K | N | F | N | X | B | O | R | O | O | A | A | L | R | G | H | R | K |
| L | I | W | C | W | F | Z | Y | U | Q | Z | O | L | M | D | N | K | F | W |
| W | T | P | W | G | R | U | H | K | N | N | L | Z | L | K | O | U | I | O |
| E | S | B | Y | W | Y | O | X | V | B | D | K | Z | Z | E | L | T | V | V |
| Y | I | T | L | Q | G | W | D | Y | X | O | X | U | G | P | R | E | E | O |
| T | T | H | J | Q | M | R | P | K | L | H | Q | O | E | A | F | X | I | C |
| Q | A | N | E | X | O | B | S | U | A | R | A | T | F | U | T | T | E | M |
| W | T | J | L | B | V | C | L | D | E | L | S | F | F | A | K | Q | U | R |
| S | S | D | X | N | O | W | A | T | T | B | Z | Q | W | N | K | E | O | A |
| J | L | F | Y | T | R | F | N | E | A | I | V | S | O | E | M | A | G | L |
| P | E | B | H | E | B | E | N | J | G | S | G | I | U | Z | A | Y | M | J |
| U | I | F | Z | A | C | D | W | I | N | N | E | R | T | G | C | V | V | P |
| H | P | C | K | I | I | I | W | V | M | K | Q | D | J | A | M | O | L | B |
| F | S | D | J | N | W | E | W | R | U | E | C | K | F | E | L | D | D | H |
| C | L | Q | G | S | B | U | V | S | I | L | E | V | S | T | X | D | I | A |
| I | F | N | C | R | X | Q | W | K | J | J | K | N | K | P | S | H | N | S |

| | | | | | | | | | | | | | | | | | | |
|---|---|---|---|---|---|---|---|---|---|---|---|---|---|---|---|---|---|---|
| R | F | Y | S | U | T | D | D | D | V | Q | J | P | X | C | R | O | F | F |
| M | T | G | N | L | K | N | O | R | M | J | B | V | P | X | C | U | Q | N |
| L | X | Q | O | D | O | X | N | X | I | I | D | M | E | U | H | X | C | R |
| R | I | D | U | N | K | I | N | G | F | B | K | O | D | N | K | T | Y | Z |
| E | P | O | K | T | C | B | N | M | C | K | B | Z | B | R | I | D | U | Q |
| L | T | O | W | N | K | A | B | T | H | R | M | E | Q | U | K | P | P | O |
| E | D | E | A | K | E | V | N | M | S | S | U | P | L | H | X | I | I | K |
| I | O | Z | T | X | C | U | E | Z | P | V | D | V | L | K | V | J | G | T |
| P | O | G | J | W | J | K | C | E | V | B | U | A | W | J | Z | S | L | N |
| S | T | M | A | S | Y | M | W | U | R | F | P | O | S | I | T | I | O | N |
| R | S | K | M | B | W | B | J | C | C | A | P | S | A | H | Z | L | D | M |
| E | K | Y | F | J | F | J | R | H | H | J | A | U | X | Z | G | S | G | L |
| T | N | O | M | M | G | O | Y | H | I | G | H | P | O | S | T | T | M | W |
| N | I | Z | M | E | R | J | F | I | A | J | Z | Q | X | Q | N | I | I | V |
| E | W | V | M | N | Y | A | K | O | R | T | R | U | O | C | K | C | A | B |
| C | N | F | W | X | O | B | T | I | U | R | U | K | U | K | O | Q | I | G |
| D | X | H | S | M | X | K | U | D | J | W | E | B | U | B | H | M | P | P |
| H | U | G | A | C | C | N | F | V | F | L | K | V | D | D | T | S | T | E |
| T | Y | C | Q | F | I | A | H | Z | J | V | U | Y | J | F | Q | A | B | R |
| U | T | V | X | U | Q | V | U | O | V | B | Q | O | F | F | Y | O | V | K |
| A | C | V | M | Q | T | O | S | N | L | R | G | P | F | T | E | B | Q | B |
| U | Z | M | M | O | I | P | H | E | I | T | A | T | U | Y | V | E | W | J |
| B | A | L | L | F | U | E | H | R | U | N | G | Z | D | C | K | P | T | V |
| F | V | D | R | S | E | T | D | X | E | L | Z | I | C | S | V | M | D | E |

# 16

TIPIN
ZONE
DRIBBEL
DUNKING
HIGHPOST

BALLFUEHRUNG
BACKCOURT
WURFPOSITION
FOUL
CENTERSPIELER

# Lösung

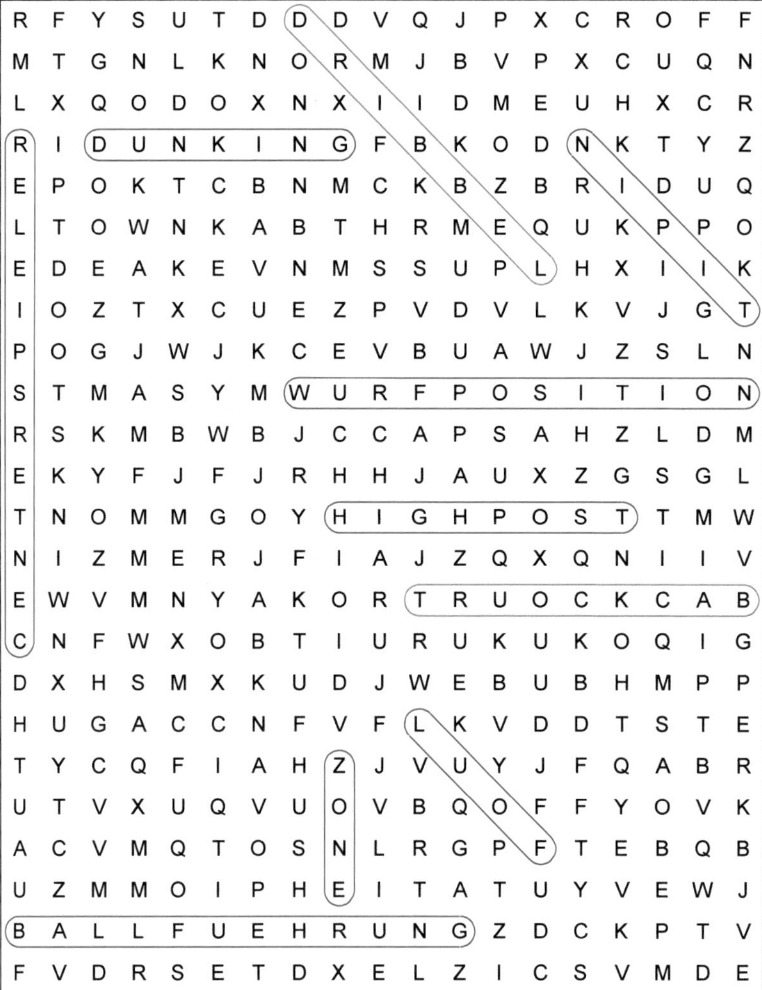
R F Y S U T D D D V Q J P X C R O F F
M T G N L K N O R M J B V P X C U Q N
L X Q O D O X N X I I D M E U H X C R
R I D U N K I N G F B K O D N K T Y Z
E P O K T C B N M C K B Z B R I D U Q
L T O W N K A B T H R M E Q U K P P O
E D E A K E V N M S S U P L H X I I K
I O Z T X C U E Z P V D V L K V J G T
P O G J W J K C E V B U A W J Z S L N
S T M A S Y M W U R F P O S I T I O N
R S K M B W B J C C A P S A H Z L D M
E K Y F J F J R H H J A U X Z G S G L
T N O M M G O Y H I G H P O S T T M W
N I Z M E R J F I A J Z Q X Q N I I V
E W V M N Y A K O R T R U O C K C A B
C N F W X O B T I U R U K U K O Q I G
D X H S M X K U D J W E B U B H M P P
H U G A C C N F V F L K V D D T S T E
T Y C Q F I A H Z J V U Y J F Q A B R
U T V X U Q V U O V B Q O F F Y O V K
A C V M Q T O S N L R G P F T E B Q B
U Z M M O I P H E I T A T U Y V E W J
B A L L F U E H R U N G Z D C K P T V
F V D R S E T D X E L Z I C S V M D E

Y U C G J H W Z W Q S D V M M T Q W S
C M D M Q I C Q L U B T S S Q S J W U
T J Y V S P I E L E R M P D H L T P S
I H G T A G J H P F U L A C E A R G S
I X Y N U L P X W D L F Q S N E Y V N
R S E P I O O O Y C O H J V S H E H A
Q B B G M E J P P H V I D S V O V B H
S C K M A I N K S S N Q I T D V Y F S
F N R D R L N U E F S N A W O L L R T
R D H K Z E R K R S G F B H M L M E J
F E I O U R K O R H S B Y K A G H I R
A Q D F S E U A V E I B G B T D L W X
P P I E P T Y A M S H E L W U U Q U V
O Y H L I A L V J Y S L U I R E D R Z
Z T W M E O I K N V A A D I N A Y F J
E E T W L L M L Q M D L P F O S R L R
K D D F C F D F S C H B P A V N B I S
Z C N Q Z O A N L M X L R S E O O N L
B R E T T F O C Y F G A M M R Y S I S
O U F J V J V Z D P E S X C Q Y P E J
E U A T R A I G M M H U J P I N Q K Q
G V B S Y Q V X G N C D V J Y M C Z N
Z V L F Z G V C T X Y O Z E D R L Y P
B T B B U X G U W R U N B M C A E P F

# 17

FREIWURFLINIE
FLOATER
ZUSPIEL
SMALLBALL
SPIELER
PASSVORLAGE
PLAYMAKER
PRESSING
BRETT
TURNOVER

# Lösung

| Y | U | C | G | J | H | W | Z | W | Q | S | D | V | M | M | T | Q | W | S |
|---|---|---|---|---|---|---|---|---|---|---|---|---|---|---|---|---|---|---|
| C | M | D | M | Q | I | C | Q | L | U | B | T | S | S | Q | S | J | W | U |
| T | J | Y | V | S | P | I | E | L | E | R | M | P | D | H | L | T | P | S |
| I | H | G | T | A | G | J | H | P | F | U | L | A | C | E | A | R | G | S |
| I | X | Y | N | U | L | P | X | W | D | L | F | Q | S | N | E | Y | V | N |
| R | S | E | P | I | O | O | O | Y | C | O | H | J | V | S | H | E | H | A |
| Q | B | B | G | M | E | J | P | P | H | V | I | D | S | V | O | V | B | H |
| S | C | K | M | A | I | N | K | S | S | N | Q | I | T | D | V | Y | F | S |
| F | N | R | D | R | L | N | U | E | F | S | N | A | W | O | L | L | R | T |
| R | D | H | K | Z | E | R | K | R | S | G | F | B | H | M | L | M | E | J |
| F | E | I | O | U | R | K | O | R | H | S | B | Y | K | A | G | H | I | R |
| A | Q | D | F | S | E | U | A | V | E | I | B | G | B | T | D | L | W | X |
| P | P | I | E | P | T | Y | A | M | S | H | E | L | W | U | U | Q | U | V |
| O | Y | H | L | I | A | L | V | J | Y | S | L | U | I | R | E | D | R | Z |
| Z | T | W | M | E | O | I | K | N | V | A | A | D | I | N | A | Y | F | J |
| E | E | T | W | L | L | M | L | Q | M | D | L | P | F | O | S | R | L | R |
| K | D | D | F | C | F | D | F | S | C | H | B | P | A | V | N | B | I | S |
| Z | C | N | Q | Z | O | A | N | L | M | X | L | R | S | E | O | O | N | L |
| B | R | E | T | T | F | O | C | Y | F | G | A | M | M | R | Y | S | I | S |
| O | U | F | J | V | J | V | Z | D | P | E | S | X | C | Q | Y | P | E | J |
| E | U | A | T | R | A | I | G | M | M | H | U | J | P | I | N | Q | K | Q |
| G | V | B | S | Y | Q | V | X | G | N | C | D | V | J | Y | M | C | Z | N |
| Z | V | L | F | Z | G | V | C | T | X | Y | O | Z | E | D | R | L | Y | P |
| B | T | B | B | U | X | G | U | W | R | U | N | B | M | C | A | E | P | F |

| | | | | | | | | | | | | | | | | | | |
|---|---|---|---|---|---|---|---|---|---|---|---|---|---|---|---|---|---|---|
| U | Y | K | J | A | K | X | Y | W | G | V | C | U | W | I | O | X | Z | W |
| K | U | I | S | Q | D | O | X | E | T | I | U | U | T | W | K | P | N | B |
| L | H | A | D | O | F | F | C | U | Z | E | X | M | T | Z | M | V | A | A |
| C | S | L | U | D | O | D | A | X | D | V | M | Y | Y | T | L | S | T | L |
| S | Q | B | Y | M | X | U | D | W | S | M | O | G | N | P | L | P | S | L |
| C | L | S | K | M | E | U | R | E | Y | A | L | P | E | L | O | R | I | B |
| E | E | Y | E | T | O | U | Q | F | R | U | W | V | I | E | A | B | D | E |
| A | S | T | E | R | N | S | C | H | R | I | T | T | H | Q | F | W | Q | S |
| V | F | K | C | G | B | Q | D | G | R | O | K | L | H | I | P | F | I | I |
| L | D | Z | R | U | E | R | Y | F | C | S | J | C | A | K | B | W | Z | T |
| H | I | N | K | W | J | F | B | T | H | Z | Y | B | U | K | P | L | F | Z |
| A | Z | Y | E | J | P | K | N | J | K | I | C | O | R | I | O | X | S | S |
| W | W | S | U | L | X | L | J | F | C | E | Q | U | N | H | R | P | K | W |
| G | S | N | Q | Z | Y | H | I | Q | F | B | Y | R | U | P | N | Y | C | B |
| Z | T | K | W | M | A | P | M | V | N | F | P | A | O | V | M | M | X | B |
| I | F | G | D | E | L | P | R | T | A | Z | R | E | K | O | E | S | B | O |
| X | I | O | T | S | A | J | L | E | E | N | F | P | Q | G | H | S | O | D |
| P | W | V | I | N | V | J | D | Y | M | M | F | H | I | C | J | S | J | E |
| E | C | P | N | E | C | A | T | E | A | R | R | U | U | W | K | N | J | N |
| O | U | O | Z | S | W | S | H | X | E | C | E | G | D | I | E | Q | K | P |
| B | B | D | S | S | J | M | M | D | G | R | A | U | Z | H | O | X | R | A |
| O | V | H | A | A | I | W | J | T | G | E | P | P | T | Y | X | Q | W | S |
| V | P | H | A | P | R | X | I | Y | K | Y | T | F | Z | S | W | Y | G | S |
| O | H | J | S | F | S | R | A | U | F | W | M | E | T | U | M | I | P | Y |

| | |
|---|---|
| PASSEN | DISTANZ |
| POKAL | DOUBLE |
| WURFQUOTE | STERNSCHRITT |
| ROLEPLAYER | BALLBESITZ |
| BODENPASS | STUERMER |

# Lösung

| U | Y | K | J | A | K | X | Y | W | G | V | C | U | W | I | O | X | Z | W |
|---|---|---|---|---|---|---|---|---|---|---|---|---|---|---|---|---|---|---|
| K | U | I | S | Q | D | O | X | E | T | I | U | U | T | W | K | P | N | B |
| L | H | A | D | O | F | F | C | U | Z | E | X | M | T | Z | M | V | A | A |
| C | S | L | U | D | O | D | A | X | D | V | M | Y | Y | T | L | S | T | L |
| S | Q | B | Y | M | X | U | D | W | S | M | O | G | N | P | L | P | S | L |
| C | L | S | K | M | E | U | R | E | Y | A | L | P | E | L | O | R | I | B |
| E | E | Y | E | T | O | U | Q | F | R | U | W | V | I | E | A | B | D | E |
| A | S | T | E | R | N | S | C | H | R | I | T | T | H | Q | F | W | Q | S |
| V | F | K | C | G | B | Q | D | G | R | O | K | L | H | I | P | F | I | I |
| L | D | Z | R | U | E | R | Y | F | C | S | J | C | A | K | B | W | Z | T |
| H | I | N | K | W | J | F | B | T | H | Z | Y | B | U | K | P | L | F | Z |
| A | Z | Y | E | J | P | K | N | J | K | I | C | O | R | I | O | X | S | S |
| W | W | S | U | L | X | L | J | F | C | E | Q | U | N | H | R | P | K | W |
| G | S | N | Q | Z | Y | H | I | Q | F | B | Y | R | U | P | N | Y | C | B |
| Z | T | K | W | M | A | P | M | V | N | F | P | A | O | V | M | M | X | B |
| I | F | G | D | E | L | P | R | T | A | Z | R | E | K | O | E | S | B | O |
| X | I | O | T | S | A | J | L | E | E | N | F | P | Q | G | H | S | O | D |
| P | W | V | I | N | V | J | D | Y | M | M | F | H | I | C | J | S | J | E |
| E | C | P | N | E | C | A | T | E | A | R | R | U | U | W | K | N | J | N |
| O | U | O | Z | S | W | S | H | X | E | C | E | G | D | I | E | Q | K | P |
| B | B | D | S | S | J | M | M | D | G | R | A | U | Z | H | O | X | R | A |
| O | V | H | A | A | I | W | J | T | G | E | P | P | T | Y | X | Q | W | S |
| V | P | H | A | P | R | X | I | Y | K | Y | T | F | Z | S | W | Y | G | S |
| O | H | J | S | F | S | R | A | U | F | W | M | E | T | U | M | I | P | Y |